LA PARISEÏDE.

PREMIÈRE PARTIE.

Pierre del. Lempereur Sculp

Minerve promet à Paris qu'il retrouvera Œnone.

LA PARISEÏDE,

OU

PÂRIS

DANS LES GAULES.

PREMIÈRE PARTIE.

Godard d'Aucourt

A PARIS,

Chez PISSOT, Quai de Conti, vis-à-vis la descente du Pont-Neuf.

M. DCC. LXXIII.

Avec Approbation & Privilège du Roi.

PRÉFACE.

PERSONNE n'ignore l'hiſtoire de Pâris, fils de Priam, Roi de Troye; on ſçait qu'Hécube ſa mere, étant enceinte de lui, rêva qu'elle mettoit au monde un flambeau qui réduiroit ſa patrie en cendres, & qu'en ayant fait part à ſon époux, ce Prince ordonna de faire mourir l'enfant qui devoit naître.

On ſçait encore qu'Archélaüs, qui fut chargé de cet ordre, au lieu de faire périr ce petit infortuné, l'expoſa ſur le mont Ida, où il fut trouvé & nourri par un Berger; que devenu grand, & ſe croyant ſimple Berger lui-même, il épouſa Œnone, fille de Cébren (1).

(1) Apollodore liv. 3, & Parthenius chap. 4: d'autres font Œnone fille d'Œnicus.

Les Poëtes (1) ont fait de Cébren un fleuve de Phrygie, & de sa fille Œnone, qu'ils ont aussi appellée Cébrine, une Nimphe à qui la Déesse Rhéa avoit donné le don de prédire l'avenir ; mais le fait est, que Cébren n'étoit lui-même qu'un simple Pasteur, & sa fille qu'une Bergère du mont Ida : Pâris après ce fameux jugement où il fut l'arbitre des trois Déesses, Junon, Pallas, & Vénus, fut reconnu par ses parens ; voici comme Hyginus (2) rapporte cette histoire.

» Pâris étant parvenu en âge d'a-
» dolescence, & gardant les troupeaux
» des Bergers qui l'avoient élevé, por-
» toit une affection particulière à un tau-
» reau, le plus beau de son troupeau ;

---

(1) Ovide.

(2) Chap. 91.

» il arriva cependant que le Roi Priam » voulut faire célébrer des Jeux funèbres, » à l'honneur de Pâris même, qu'il croyoit » avoir été mis à mort ſuivant ſon ordre, » & commanda à ſes ſatellites de lui cher- » cher quelque beau taureau, pour en » faire le prix des combats qu'il avoit » propoſés; ce fut ſur celui de Pâris que » tomba leur choix. Ce jeune Berger » déſirant de ravoir ſon taureau, réſolut » d'aller à ces jeux, & de combattre » pour ce ſujet; ce qu'il exécuta avec » tant de ſuccès, qu'il vainquit même ſes » propres freres, entre leſquels Deïphobus » fut ſi honteux d'avoir été vaincu par » un payſan, que de colère, il mit l'épée à » la main contre lui... mais Caſſandre (1)

(1) On ſçait que cette fille de Priam avoit le don de prédire l'avenir & d'interpréter les oracles.

» ſe mit à crier que c'étoit ſon frere, & le » fit reconnoître de Priam, qui le reçut » avec joie, & le garda dans ſon Palais.

Servius prétend que ce fut à Hector lui-même qu'arriva cet échec ; quoiqu'il en ſoit, ce trait fait aſſez connoître la valeur du jeune Pâris, & que ce caractère mou & efféminé que quelques auteurs lui ont donné, ne fut que l'effet d'un amour aveugle & des artifices d'Hélène ; c'eſt pourquoi il a paru naturel, que Pâris dégagé de ſes honteux liens, redevînt un Héros, puiſqu'il étoit né pour l'être, & qu'il en avoit le cœur.

Il n'étoit encore que ſimple Berger ſur le mont Ida, quand les trois Déeſſes, Junon, Vénus, & Pallas, le prirent pour juge de leur beauté ; ce ne fut qu'après ce jugement fameux, qu'il abandonna Œnone ſa première épouſe, pour Hélène qu'il alla

alla enlever à Ménélas, & qui devint la ſource de cette guerre qui cauſa la ruine de Troye, & tout le déſaſtre de la famille de Priam.

Apollodore (1) rapporte, » qu'Œnone » n'ayant pû retenir Pâris, prédit à ſon » infidèle époux qui l'abandonnoit, qu'un » jour dangereuſement bleſſé, il auroit » recours à elle, parce qu'elle ſeule au» roit le pouvoir de le guérir. Si cette prédiction a eû ſon exécution, comme il y a lieu de le croire, il s'enſuit que Pâris ne mourut pas au ſiège de Troye, & qu'il a pû par conſéquent paſſer dans les Gaules: c'eſt ce qui eſt ſuppoſé dans cet Ouvrage.

D'ailleurs, au ſujet de la mort de Pâris, les avis même ont été partagés; Darès le

(1) Liv. 3.

Phrygien, dit qu'Ajax lui perça le flanc d'une flêche, & Ptolemeus Hépheſtion (1) prétend qu'il mourut d'un coup de lance qu'il reçut dans la cuiſſe de la main de Ménélas.

Mais l'opinion la plus commune, d'après Lycophron, Apollodore, & pluſieurs autres, eſt que Pâris fut dangereuſement bleſſé dans les derniers jours de Troye, par une de ces flêches empoiſonnées, dont Philoctete avoit hérité d'Hercule mourant, & que ce fut alors qu'il ſe reſſouvint de la prédiction d'Œnone, & qu'il alla la chercher ſur le mont Ida pour panſer ſes bleſſures.

Ces diverſes opinions laiſſant un nuage répandu ſur la mort de ce Prince, ſur le tems où elle arriva, & ſur ce qu'il

---

(1) Liv. 5.

devint après la ruine de Troye, on a cru pouvoir en former une nouvelle fable.

C'eſt d'après ces diverſes opinions, qu'on s'eſt haſardé de faire paſſer Pâris dans les Gaules, pour y être le fondateur d'un Empire, & d une Ville qui porte ſon nom ; ce qui n'eſt détruit par aucune hiſtoire reçue.

On a eſſayé de faire entrer dans cette fable l'origine de nos loix, de nos coûtumes, de nos préjugés, & de nos différens uſages.

Le nom de Pâris vient, dit-on, du mot grec *Pèra*, qui ſignifie la panetière d'un Berger.

Pâris fut encore appellé Alexandre, d'un autre mot grec Alexaſt Αλεξαβαι, qui ſignifie ſécourir ou défendre, parce qu'il défendit courageuſement ſes troupeaux des voleurs.

La fable de Francus, fils d'Hector, que Ronſard conduit dans les Gaules, n'a pas plus de fondement.

Celle d'Énée & de Didon, quoique reçue, eſt encore moins conforme à l'hiſtoire, puiſqu'Ênée vivoit plus de trois cent ans avant Didon, ce qui fait un anachroniſme ſingulier ; il eſt même encore à douter, ſi cette Éliſe qui fonda Carthage, eſt la même que Didon : il n'eſt donc pas plus vraiſemblable qu'Énée ait abordé en Afrique, que Pâris dans les Gaules ; le tems accrédite les fables, & leur ſuccès les éterniſe : c'eſt ainſi que toutes ont commencé.

D'ailleurs, cette hiſtoire a paru d'autant plus propre à être la bâſe d'une fiction raiſonnable, qu'elle préſente toujours Pâris malheureux par le crime, & heureux par la vertu ; Hélène eſt la ſouree & la cauſe de tous ſes malheurs, & il n'a joui d'un vrai bonheur, que par ſon retour vers la vertueuſe Œnone.

A l'égard de l'état où ſe trouvoient alors les Gaules, tout n'eſt pas fiction; il y a des points d'appui, d'après leſquels on eſt parti.

Les Rois Dis-Samothès, Magus, & Sarron ne ſont point inconnus, non plus que Longho, & les neuf Vierges de l'île de Sein: pluſieurs auteurs en ont parlé, entr'autres Taillepied, dans ſon hiſtoire de l'État & République des Druides, l'auteur des illuſtrations des Gaules, & pluſieurs autres comme Dupleix; ils ont même donné d'après différens auteurs, une chronologie de vingt-quatre Rois Gaulois, depuis le déluge juſqu'à Francus, parmi leſquels il s'en trouve un nommé Pâris, qui eſt ſans doute celui dont il va être queſtion.

A l'égard des femmes appellées dans cet ouvrage du nom de Néreïdes, quoique ces Nymphes soyent communément plus connues pour des Divinités de la Mer, la vérité est cependant, qu'elles ne furent dans le fait que des êtres métaphoriques, tirés de l'inconstance des flots de la Mer, de la perfidie de cet élément, des tempêtes, des écueils, & de la légèreté des vents; ce qui se trouve, dit-on, assez généralement dans la composition ordinaire des femmes.

Mais sans s'écarter même de la Fable, on sçait que les cinquante Néreïdes, que le Dieu Nérée eût de Doris sa sœur, épousèrent les enfans de la Terre; or ces filles d'un Dieu de la Mer mariées sur la terre, y jouèrent sans doute un rôle distingué; & si l'on juge de leur fécondité par celle de leur mere, il dût résulter de ces alliances, de nombreuſes familles, qui devinrent bientôt des pépinières de Néreïdes ; & rien de ſi naturel que par la ſuite des tems, toutes les femmes de ces contrées ayant eû la manie de deſcendre de ces anciennes Nymphes, leur orgueil leur en ait fait prendre le nom, pour établir d'autant mieux l'excellence de leur origine ; d'un autre côté leurs adorateurs, toujours complaiſans pour flatter leur vanité, ne manquèrent pas de leur donner auſſi ce nom par excellence, qui à ce moyen, finit par devenir celui de toutes les femmes ; c'eſt d'après cela qu'on a cru pouvoir donner dans cette fable, le nom de Néreïdes à toutes les femmes de ces tems réculés, dans un pays voiſin de la mer, & dans un ouvrage où le beau ſexe joue le premier rôle.

D'ailleurs on n'a point la prétention de

croire avoir fait un Poëme Épique ; on connoît ſon inſuffiſance à cet égard ; on ne donne cet Ouvrage que comme un ſimple Eſſai.

LIVRE PREMIER.

ARGUMENT.

PARIS blessé, se ressouvient que la fille de Cébren, qu'Œnone son épouse, possede l'art de guérir des blessures avec des simples ; il va la chercher inutilement sur le mont Ida où il l'a abandonnée ; à la vue des lieux témoins de ses premiers sermens, il sent renaître son premier amour. Minerve apparoît à cet infortuné ; lui pardonne de lui avoir préféré Vénus, & lui montrant les Régions Hyperboréennes, appellées depuis Gaules, l'assure qu'il règnera dans cette partie de l'Europe, qu'il y sera le fondateur d'un Empire célèbre ; qu'il y retrouvera un fils & Œnone ; la Déesse le guérit ; trace sur son Bouclier l'Empire qu'elle lui promet, & disparoît. Pâris à la vue de la petite troupe & de l'espèce d'homme qui l'a suivi, gémit de n'avoir que de tels amis pour fonder son nouvel Empire ; un vaisseau Tyrien le porte en Égypte ; Pâris obligé de quitter Memphis par l'imprudence de ses Compagnons, s'embarque sur un des vaisseaux qui conduit Agénor en exil ; tempête à la vue du Vésuve ; ils arrivent à l'embouchure du Rhodanim ; Colonie des Arélates ; celle des Marsilliens ; leur description ; mariage de Marsillis avec Gyptis, fille du Roi des Liguriens ;

fêtes à ce ſujet ; ancienne Académie des Marſilliens ; Pâris quitte cette Colonie, après y avoir appris qu'Anténor & Francus ont déjà percé dans ces contrées ; il traverſe la Durance, & apprend qu'il habite près de-là un Vieillard reſpectable, il ſoupçonne que ce peut être Anténor.

LIVRE SECOND.

PARIS rendu au rocher de Vaucluſe, y trouve Cébren, pere d'Œnone, & ſon fils Pariſis ; ce Vieillard lui apprend comment il eſt parvenu en ces déſerts ; depuis quand Œnone en eſt diſparue, après avoir mis au monde le jeune Pariſis ; première éducation de cet enfant : façon de vivre des Sauvages de ces contrées ; origine de leurs femmes, appellées Néreïdes ; Pâris projette d'en donner une pour épouſe à ſon fils, s'occupe de ſon éducation, & ſe défend de la confier à ſes Troyens. Pâris conduit ſon fils chez Méris ; enchantement de Pariſis à la vue de Gallie & de Naïs ; leur arrivée à Vaucluſe ; leur caractère ; mariage de Pariſis & de Gallie ; leurs amuſemens ; la moiſſon ; ſacrifice à Cérès ; Frivolidès critique les travaux de Cébren ; enlevement de quelques Néreïdes par les Troyens ; vengeance des Sauvages ; Cébren pris pour juge ; son jugement ; Frivolidès refuse de se battre ; ce qui en résulte ; les Sauvages restent à Vaucluse avec leurs Néréides ; alliance d'Amasius & de Naïs ; les Troyens proposent à leur Chef de faire la maison de son fils : visite de Marsillis & d'Arlétès ; ils font présent à Pâris de douze soldats Troyens : alliance de Pâris avec Marsillis & Arlétès ; il leur fait part du projet qu'il a d'aller reconnoître ces contrées promises à sa postérité ; il leur montre le Bouclier sur lequel Minerve a tracé elle-même les limites de ce nouvel Empire, & leur recommande pendant son absence, son fils & Vaucluse ; départ de Pâris, sous le prétexte d'un simple voyage à Marsillis.

LIVRE TROISIÈME.

PARISIS veut suivre son père : les Marsilliens & les Arélates favorisent son entreprise ; on prépare une petite flotte pour remonter le Rhodanim. Départ de Parisis avec les siens & ses nouveaux amis, qui prennent tous le nom de Pariséens ; leur navigation sur le Rhodanim ; & leur arrivée chez les Lyontins, où le Génie Lugdus les reçoit ; origine de ce peuple & de son industrie. Parisis remonte l'Arare ; malheur arrivé à Gallie ; comme elle lui est enlevée. Les Pari-

séens retrouvent leur Chef : on remène Édulie à Édua ; description de cette Peuplade consacrée à Vénus & à Mars ; Manéthon y reste ; ils marchent au rocher de Longho ; Parisis & Bocaris y sont faits prisonniers ; comme ils y retrouvent Gallie, Prêtresse de Celtéma ; perfidie de Calos, Chef des Druides, amoureux de Gallie : description de l'habitation de Longho : mœurs de ses habitans & celles des Celtes. Parisis apprend qu'une Colonie de Troyens s'est établie prés delà sous la conduite de Francus : alliance des Pariséens & des Longhoniens : Longho fait conduire ses hôtes à la nouvelle Troye.

LIVRE QUATRIÉME.

PARIS *enfin arrivé sur les rives de la Seine, y trouve Francus, & la nouvelle Troye bâtie sur le même plan de l'ancienne ; sa description & celle du palais de Francus ; il est présenté à la Reine Plancée, fille de Fétisse ; arrivée de Parisis qui retrouve son Père. Pâris raconte ses voyages depuis son départ de Vaucluse ; histoire des Rhodaniens & des Némausiens ; celle d'Andusès, Vieillard Égyptien ; leur dispute sur l'avantage ou les inconvéniens de la société ; mort de cet étranger ; Pâris lui élève un tombeau champêtre; il continue sa route; va chez les Montipéléens: description de ce peuple d'Enchanteurs: rêve singulier de Pâris; l'Espérance le conduit au palais de la Mort; sa description; pour quoi cette Déesse lui laisse la vie; il passe au temple du Destin; la Vérité y guide ses pas; il voit l'arrangement des ames, qui attendent le moment de rentrer dans de nouveaux Corps; il apprend quels corps la sienne & celle de son fils animeront un jour; il visite les Narbiens, les Leucates; origine des Druides; il passe chez les Tectosages; description de ce peuple, qui ne connoît de Dieux que l'Amour & l'Amitié; portrait de ces Divinités, dont le règne finit à l'arrivée des Tectosages, qui reviennent de l'expédition de Delphe sous la conduite de Tolosis, fils de Galatès, chargés de riches dépouilles.*

LIVRE CINQUIÈME.

PARIS poursuit l'histoire des Tectosages; comme ils refusèrent d'abord de se battre contre d'autres hommes, & comme Cratès, Orateur Grec, les persuada; leur arrivée à Leucate; leur surprise, leur embarquement: expédition de Delphes; leur retour, chargés d'or, avec les Magnates, les Oréens & les

Thémiséens, peuples vaincus & leurs prisonniers: caractère de ces différens peuples; le vieux Galatès proscrit l'or, & le fait jetter dans les marais: Tolosis cache dans de profondes cavernes les riches dépouilles des ennemis; comme l'amour unit les Vainqueurs aux Vaincus; l'entreprise des femmes pour rétablir l'usage des richesses; Tolosis gagné par Oréa, la conduit aux souterrains où étoient cachés les trésors des Oréens; suite de cette imprudence: construction du Palais enchanté; les femmes s'y assemblent; comme Pâris les découvre par un effet du hasard; il en informe Tolosis, qui s'y rend à son tour; Galatès brûle cet édifice, & disperse ces étrangers, pour arrêter les progrès de leurs sécrettes intelligences: Pâris les visite, leur nouveau genre de vie; chez Magnès il est pris pour juge entre Magnégide & Robinoalde: il passe chez Leiclour, frere de Galatès; mœurs & description de cette Peuplade; Frivolidès amoureux de Lavaur, s'en fait aimer: mort de Galatès; intrigue des Étrangers; ils sont admis avec les femmes au Conseil de la Nation: jugement porté par la Cour de Francus sur ce que Pâris vient de conter.

LIVRE SIXIÈME.

PARIS continue ſon récit : Minerve lui apparoît ; lui conſeille d'aider Toloſis de ſes avis ; ce jeune Tectoſage, qu'on veut élire Roi, vient le conſulter à ce ſujet : portrait d'un bon Roi : Pâris lui conſeille d'accepter la Couronne, & retourne avec lui à la Peuplade : l'élection du Roi eſt remiſe à l'aſſemblée générale de la Nation, le premier jour du printems ; ouverture de cette aſſemblée par la cérémonie du Guy de l'an ; on agite ſi l'on permettra l'uſage de l'or ; Divor plaide pour, Pâris contre, & l'or eſt enfin permis : Toloſis élu Roi, eſt élevé ſur les boucliers des Tectoſages : règlemens généraux ; combat effrayant contre des monſtres deſcendus des Pyrennées : origine de la Nobleſſe ; à qui, & comment elle fut donnée : nouvelles alliances : l'Hymen obtient un temple ; pluſieurs femmes refuſent de plier ſous le joug de ce Dieu ; Toloſis ordonne que l'Amour & l'Hymen ſeront placés ſur un même autel : temple accordé à Jupiter Oréen ; Divor en devient le grand Prêtre ; Magnès s'y oppoſe, & veut décider la querelle dans un combat ſingulier ; on délibère ſi l'on peut permettre ce combat ; différens avis à ce ſujet ; les Druides & les Thémiſieens s'y opposent, & la question reste indécise ; comment l'agresseur Magnès est puni : comme l'or réparti par le hasard & Fortunie, devient la mesure commune de toutes choses ; détails de cette distribution ; acharnement des Oréens ; empressement des Magnates ; indifférence des Thémisiens : statue d'or élevée à Fortunie dans le temple de Jupiter Oréen.

LA

LA PARISÉÏDE
OU
PÂRIS DANS LES GAULES.

LIVRE PREMIER.

Assez d'autres ont chanté les galantes folies de ce Berger fameux, qui jugea trois Déesses sans les mettre d'accord, & les malheurs du bon Priam, qui, par une coupable complaisance, sacrifia sa vie, sa gloire & son empire pour une femme perdue qui ne le méritoit pas.

Laissons donc cette beauté grecque, cette ancienne Illion, ces fleuves ensanglantés du Xante & du Simoïs, ces vingt grands Rois d'un petit pays, qui furent dix ans à prendre une ville, & toute cette vieille guerre de Troyes, qui n'est devenue quelque chose qu'à travers le microscope d'Homère, pour suivre Pâris dans une carrière moins connue : malheureux par un amour illégitime, c'eſt l'hymen qui va lui rendre une épouſe, un fils & ſa gloire ſur les bords de la tranquille Seine.

Œnone, (1) l'objet de ſes premiers vœux, avoit reçu ſes ſermens lorſqu'il n'étoit encore que ſimple berger; elle alloit être mere quand il l'abandonna après cette diſpute fameuſe, dont les trois Déeſſes le rendirent l'arbitre.

Tandis que Venus, fière de ſa victoire, voloit à la cour de Ménélas enflâmer le cœur d'Hélene en faveur de Pâris; que l'altière Junon indignée retournoit au ciel engager les Dieux dans ſa vengeance; la bonne Minerve moins humiliée du triomphe de ſa rivale, que touchée des larmes d'Œnone abandonnée, s'arrêta ſur le mont Ida pour la conſoler; elle l'aſſura que les Dieux étoient juſtes; que protecteurs de l'innocence, ils

(1) Selon Apollodore, liv. 3, le berger Pâris épouſa Œnone, fille de Cebren, laquelle avoit obtenu le don de prophétie de la déeſſe Rhéa; elle tâcha par ſes prédictions de détourner ſon époux du voyage qu'il vouloit faire vers Hélene; mais voyant qu'elle ne pouvoit rien gagner, elle lui prédit qu'un jour étant bleſſé, il auroit recours à elle pour ſe faire guérir, car elle poſſédoit auſſi l'art de la médecine. Lycophron & Parthenius, ch. 4, raportent encore ces faits.

lui ramèneroient un jour ſon époux plus tendre & plus épris que jamais.

O France ! O ma patrie ! qui reçut alors Œnone dans ton ſein, qui vit la réunion de ces tendres époux, & le deſtin, de ſa main immuable, poſer les premiers fondemens de l'éternel empire des lys, permets que je remonte à ces ſiécles reculés, & que, déchirant le voile qui les couvre, j'eſſaye de répandre quelques fleurs ſur ton berceau : c'eſt ton origine, celle de tes loix, de tes mœurs, de tes uſages, que je veux tirer de l'oubli. Puiſſé-je, en retraçant la premiere ſimplicité de tes ancêtres, la rapeller dans tous les cœurs ! Puiſſe la plus belle contrée de l'univers, la plus riche, la plus puiſſante, devenir auſſi la plus ſage !

Vierges ſacrées, Muſes enchantereſſes, à qui j'adreſſai mes premiers vœux, pardonnez, ſi, déſerteur de vos autels, j'ai brulé quelques grains d'encens dans un autre temple : j'étois pere, j'avois des devoirs à remplir, des préjugés à reſpecter, mais vous regnâtes toujours dans le fond de mon cœur.

Et toi, Génie aimable, protecteur de ma patrie, enfant chéri des Jeux & des Plaiſirs, qui, ſous les dehors de la frivolité, ſait ſi bien allier l'utile à l'agréable, la folâtre gaité au galant badinage ;

toi qui répands les graces naïves jusques sur le voile de la vertu févere, anime moi de ton esprit, daigne devenir mon guide dans la carrière où je vais entrer; donne à mon ftile ce tour aifé, ce ton léger qui caractérife ta nation chérie; c'eft à elle que cet ouvrage s'adreffe, c'eft à elle qu'il faut plaire.

Aprends moi comment pour fauver Œnone des horreurs d'une guerre cruelle, Minerve la couvrit de fon égide & la transporta dans les régions hyperboréennes, appellées depuis Gaules, au fond des déferts, chez un peuple heureux, où la vertu, exilée de l'Afie, recevoit des hommages au milieu des fombres forêts; dis moi comment cet époux infidele, enfin rendu à lui même, & au premier objet de fa tendreffe, devint, après des travaux infinis, le fondateur d'un empire fameux.

Pâris bleffé fur les remparts de Troyes, en proye aux plus vives douleurs, fe reffouvint qu'Œnone joignoit à l'art de prédire l'avenir, celui de guérir les bleffures avec les fimples du mont Ida; plus rempli de la confiance qu'il avoit en cette généreufe époufe, qu'effrayé d'une forte de menace qu'elle lui avoit faite au moment de leur féparation, que les Dieux le raméneroient un jour mourir dans fes bras, il fe traîne vers les lieux où il l'avoit laissée ; mais envain il demande Œnone à tout ce qui s'offre à ses yeux ; il apprend qu'elle a disparu depuis longtems avec Cébren son pere, & qu'on ignoroit où leur destin les avoit conduits.

Cet époux volage, à la vue des lieux témoins de ses premiers sermens, ressent toute la perte qu'il a faite, comparant la beauté si vantée de l'artificieuse Hélene, aux grâces modestes & touchantes de la tendre Œnone, ses entrailles s'émeuvent, il se rappelle même qu'il peut être pere. O, divine Minerve ! c'étoit toi sans doute, qui, rapellant la vertu dans le cœur de ce prince infortuné, te vengeois de son jugement, en déesse de la Sagesse !

Dès cet instant le voile tombe des yeux du fils de Priam ; il ne se souvient d'Hélene qu'en frémissant, & le nom d'Œnone semble ramener le calme dans son cœur agité. En horreur à sa famille désolée, à sa patrie réduite en cendres, avili à ses propres yeux, il alloit se donner la mort sur l'autel où il avoit reçu la foi de la fille de Cébren, quand Minerve lui apparut.

Elle étoit sous la même forme que lorsqu'elle s'étoit autrefois présentée à ses yeux pour être jugée. Armée de sa redoutable égide, elle s'appuyoit sur sa lance ; la majesté brilloit sur son front; je ne ſçais quel feu divin animoit ſes regards, ſa démarche étoit fiere, ſes longs cheveux noirs, flottans en ondes ſur ſes épaules, étoient retenus par un ruban pourpre, qui les empêchoit de ſe méler aux fléches de ſon carquois; une peau de tigre, relevée ſur le genou avec une agraffe d'or, faiſoit toute ſa parure. Pâris la reconnut & frémit.

La déeſſe, après avoir arrêté quelque tems ſes yeux ſur lui, dans un profond ſilence, voyant que le trouble de cet infortuné augmentoit, & qu'elle aigriſſoit ſes maux par ſa préſence:

» Ne crains rien, lui dit-elle, reconnois Minerve : je ne viens point me plaindre de ton jugement, ni t'accabler de vains reproches; tu pouvois couronner les charmes de Venus, elle eſt belle, mais tu devois rejetter ſes perfides promeſſes; Junon t'offrit des richeſſes auſſi fatales que la beauté qui cauſa tes diſgraces; je te promis la ſageſſe, tu la dédaignas, apprends à la connoître; je n'ai point fait tes malheurs, je viens les réparer; au lieu de cette parjure Hélene qui te ſuivit ſans honte, au mépris de la foi jurée à Ménélas, & dont tu payes ſi cher les funeſtes careſſes, je veux te rendre un fils, avec l'aimable & vertueuſe Œnone; tu ſeras le fondateur

» d'une ville plus opulente que Troyes, & le chef » d'une nation à jamais célèbre ; mais ces tems heu- » reux, marqués par les deſtins, ſont encore éloi- » gnés : je vais découvrir à tes yeux ces fertiles » contrées où règneront un jour tes deſcendans.

A ces mots, Minerve touchant Pâris de ſa lance, l'éleve dans un nuage au-deſſus de la terre.

» N'arrête point tes yeux, lui dit la déeſſe, ſur » ces rives déſolées où fut ta patrie ; ne les fixe » point ſur ces terres ennemies, (1) qui ont don- » né le jour à ces guerriers fameux par tes mal- » heurs ; ces armées triomphantes, ces flotes nom- » breuſes, ces vingt Rois qui retournent chargés » des dépouilles de l'Aſie, ne feroient que renou- » veller tes douleurs ; laiſſe-les cachés dans l'om- » bre de ce foible nuage, qu'une vapeur de la » terre vient de former ; portes tes regards à l'ex- » trémité du monde, ſur cette partie brillante, (2) » qui, ſeule en ce moment, eſt éclairée par les » rayons du ſoleil : cette belle contrée que tu vois » baignée de deux mers, embraſſera le commerce » de l'univers entier ; ſes heureux habitans, encore » entre les mains de la nature, cachent des héros

(1) La Grèce.

(2) Les régions hyperboréennes, nommées depuis Gaules.

» dans leurs paisibles forêts; sois l'astre bienfaisant
» sous lequel ils s'empressent d'éclore ; c'est-là que
» tu trouveras ton épouse & ton fils. Cette double
» chaîne de montagnes, ces rochers sourcilleux (1)
» qui semblent soutenir le ciel, séparent ce peuple
» heureux du Latium & de l'Ibérie. Déjà les Pho-
» céens, Rhodes & l'Egypte, ont envoyé leurs
» colonies dans ces régions; elles occupent les
» rivages de cette mer intérieure, qui va se perdre
» aux colonnes d'Hercule, dans l'immense Océan.
» Plus loin, cette terre qui semble fuir sous l'ho-
» rison, est la presque isle des Inglis, (2) peuples
» aussi fiers que braves, jaloux d'un phantôme
» qu'ils appellent Liberté; ils en ont fait la divinité
» suprême, à laquelle ils sacrifient : rivaux de la
» gloire de tes neveux, ils tiendront sans cesse leur
» courage en haleine. Mais sous les abîmes de ces
» mers, s'allument des feux souterreins, qui, dé-
» vorant l'Isthme (3) qui les attache encore au
» continent, sépareront bientôt ton empire de ce
» peuple inquiet. Sur la droite, du côté des terres,

(1) Les Alpes.

(2) La grande Bretagne.

(3) L'Angleterre tenoit alors au continent par l'Isthme de Kalai, qui fut depuis détruit par un volcan ; c'est aujourd'hui le pas de Calais.

» ce fleuve majeſtueux, qui, coulant vers le nord, » finit par ſe perdre dans des ſables mouvans, (1) » te ſervira de barriere. Vois ces nuées de barbares » qui, ſous la conduite du farouche Celtés, (2) » inondent ces rivages : envain je les repouſſe vers » le nord, dans ces climats glacés que le ſoleil » n'entrevoit que foiblement ; comme les flots de » cette mer agitée, ils reviennent ſans ceſſe ſur » leurs pas. J'en vois déjà qui ont percé juſques » chez les Inglis ; ils reflueront un jour ſur ces » heureuſes contrées, où je vais guider tes pas ; » c'eſt à toi qu'il ſera donné de les dompter. Oublie » donc, comme un vain ſonge qui fuit au moment » du réveil, cette moitié de ta vie conſacrée à » Venus ; ne vois le précipice affreux dont tu » ſors, que pour en frémir ; que ta vertu ſe réveille » à la voix de Minerve ; ſois enfin un héros, puiſ- » que tu étois né pour l'être.

En achevant ces mots, la fille de Jupiter touche Pâris, le guérit & diſparoît.

Le fils de Priam, uniquement occupé de ſes hautes deſtinées, & ſurtout de la douce eſpérance

---

(1) Le Rhin.

(2) Fameux chef des anciens Celtes qui inondoient l'Europe.

de retrouver Œnone & un fils, ſent renaître ſon premier courage; ſon âme s'éleve, s'agrandit; il pleure ſes foibleſſes, plus encore que ſes malheurs; mais quel eſt ſon étonnement lorſqu'il voit tracé ſur ſon bouclier cette belle partie de l'Europe promiſe à ſa poſtérité, & telle que Minerve vient de l'offrir à ſes yeux! Il y reconnoît les Alpes, les Pirennées qui doivent terminer l'empire qui lui eſt deſtiné, les mers qui le baignent au midi & au couchant, le Rhin qui le borde au levant, avec les fleuves qui le traverſent & l'arroſent; c'eſt un fil qui lui eſt donné pour ſe conduire dans ces vaſtes déſerts; il en rend grace à la divinité dont il tient cette faveur, & rejoignant le peu d'amis qui l'avoient ſuivi, il ne trouve qu'Euſemus, Manethon, Locuplès, Amaſius, Frivolidès & Hippomenis; il ne peut retenir ſes larmes à la vue de leur petit nombre & du peu de reſſource qu'il pourra trouver en eux. Ces infortunés, accablés ſous le poids du malheur, couchés ſur le rivage de la mer, ſans avoir la force de prendre une réſolution, attendoient triſtement dans les pleurs la mort ou l'eſclavage.

Manethon, quoique deſtiné dès l'enfance au pénible métier des armes, par un pere ambitieux, s'en étoit occupé ſi peu, qu'il rougiſſoit même d'en porter l'habit : entiérement dévoué au culte des femmes, il n'avoit aspiré qu'à l'honneur de leur plaire; s'il s'étoit montré quelque fois les jours de fêtes à la tête de sa troupe, dans l'équipage guerrier, son service auprès d'Hélene, en qualité de grand-maître de ses petits appartemens, avoit toujours été l'heureux prétexte dont il s'étoit servi pour s'exempter de remplir à la guerre les devoirs de son état.

Frivolidès, protecteur né des enfans de la molesse, amateur des arts futils, dont il avoit toujours fait ses plus sérieuses occupations, avoit mérité par ses talens sublimes, l'importante charge d'intendant des menus de la cour, & l'avoit remplie avec une si grande supériorité, que les Gentilshommes de la chambre de Priam en avoient conçus une sorte de jalousie; il composoit sans peine de petits vers lyriques, chantoit & dansoit avec grace; son luth enfin & sa voix étoient son univers, mais hors de là il ignoroit tout. Troyes étoit déjà livrée aux flâmes, qu'il faisoit encore répéter un ballet pour le jour de la naissance d'Hélene.

Amasius, qui joignoit à une taille élégante les graces de la jeunesse, excelloit dans le grand art de la toilette, se mettoit avec gout, étoit toujours le premier instruit des modes, des nouvelles du jour, & ſurtout ſavoit agréablement occuper les loiſirs des femmes, en variant à l'infini leurs amuſemens. Don précieux, d'où naît toujours celui de leur plaire.

Pour le faſtueux Locuplès, dont l'épais maintien étoit parfaitement aſſorti à la trempe de ſon eſprit; garde de la caſſette d'Hélene, il avoit ſçu augmenter les revenus de cette princeſſe par tant de reſſorts cachés, de ſiſtêmes nouveaux, de projets ruineux & d'affaires ſecrettes, que les ſiennes s'en étoient reſſenties. Son palais plus recherché que celui de Priam, étoit une eſpèce de temple aſſez ſemblable à ceux des Egyptiens, où, ſous des lambris dorés & ſur des autels de pierres précieuſes, on ne trouvoit ſouvent pour divinité qu'un vieux ſinge : fier & vain des chefs-d'œuvres qu'il avoit entaſſés à grands frais dans ſes galeries & dans ſes jardins, il n'en connoiſſoit la valeur que par celle de l'or qu'ils lui avoient couté; la flâme qui venoit de tout dévorer, le plongeoit dans une miſere dont le poids l'accabloit.

Euſemus, eſprit ſimple & foible, croyoit les Dieux uniquement occupés de nos miſeres, & prêtant à ces êtres ſuprêmes toutes nos paſſions, c'étoit toujours quelque divinité qu'il encenſoit juſques dans ſes débauches.

Hyppoménis, faux philoſophe, honteux de ſon inutile exiſtence à la cour, avoit imaginé, pour être quelque choſe, de prendre la livrée d'Eſculape; quelques connoiſſances qu'il s'étoit procuré dans ſon cabinet d'hiſtoire naturelle, un maintien concerté, des propos ſententieux, compoſoient à peu près ſon mérite, & lui avoient attiré la confiance des belles avec leſquelles il déraiſonnoit ſi méthodiquement, qu'Hélene, dont il guériſſoit les vapeurs, l'avoit mis à la mode; elle ne pouvoit vivre ſans lui; Hyppoménis avoit ſuivi Pâris ſur le mont Ida, pour mettre un premier appareil à ſa bleſſure, & alloit commencer ſon opération lorſqu'il apprit que Minerve l'avoit prévenu.

Tels étoient les dignes compagnons du fils de Priam, du frere d'Hector.

» Voilà donc, ſe diſoit intérieurement Pâris, en » parcourant des yeux cette petite troupe, voilà » les fondateurs de l'empire fameux qui m'eſt pro» mis par les deſtins, ſix jeunes efféminés élevés à » la cour de Priam, autour de la toilette d'Hé» lene, au ſein du luxe & de la moleſſe! O puiſſante » Minerve! mon unique & ma ſeule eſpérance, » allumes, s'il ſe peut, dans leurs cœurs ce feu divin » dont tu brûles mon âme! mais tu me l'as prédit, » *ces vaſtes contrées que tu m'as promiſes, cachent*

» *des héros dans leurs paisibles forêts ; je ne serai, sous*
» *ta protection, que l'astre bienfaisant sous lequel ils*
» *vont s'empresser d'éclore :* trop heureux si les vices
» de l'Asie ne pénetrent pas avec nous dans ces
» régions fortunées !

En finissant ces mots, il porte ses regards sur ses amis consternés, les contemple un moment en silence, les appelle, les console, & par le récit de ce qu'il vient d'entendre de la bouche de Minerve, ranime leur courage abbatu ; ils se réveillent & semblent respirer avec plus d'aisance ; leur sang réchauffé à ce rayon d'espoir, reporte la chaleur dans leurs veines ; tous se lévent avec vivacité, jurent à Pâris de se rendre dignes de la protection de la déesse, & de le suivre au bout de l'univers.

La blessure qu'avoit reçu leur chef, leur fit naître l'idée de répandre le bruit de sa mort, pour le soustraire plus facilement à la recherche des Grecs. Ils lui construisent à la hâte un tombeau, ils y gravent son nom, ses armes, y laissent ses dépouilles, & après avoir changé de vêtemens, ils s'éloignent de ces rives désolées, à la faveur des ombres de la nuit.

Arrivés, après de longs détours, dans un port peu fréquenté à cause des rochers qui le rendent d'un difficile accès, un vaisseau Tyrien, que la tempéte y a jetté, veut bien les recevoir ; & les vents, après les avoir longtems promenés ſur les mers d'Egée & de Crète, les portent enfin vers cette embouchure du Nil, ſi renommée ſous le nom de Canope.

Pâris avoit déjà été jetté ſur ſes côtes à ſon retour de Lacédémone, lorſque, raviſſeur d'Hélene & fier de ſa conquête, il conduiſoit cette princeſſe à Troyes. Protée, qui régnoit alors en Egypte, étoit encore ſur le trône ; on ſçait qu'épris des charmes de cette Lacédémonienne, & voulant la retenir, ſous prétexte de la rendre à Ménélas, il avoit tenté de la ſéduire par des fêtes & par des préſens auxquels la belle Grecque n'avoit point paru inſenſible : Paris eût infailliblement laiſſé à Memphis cette fatale beauté ſans le ſecours du ſage Andusès, miniſtre du Monarque Egyptien. qui, pour le bonheur & la gloire de ſon maître, avoit favoriſé la retraite de ces coupables amans.

C'étoit pour calmer la douleur que lui avoit cauſé la perte de cette belle, qu'il lui avoit dédié un Temple ſous le nom de Vénus l'Etrangère. (1) Ce monument qui ſubſiſtoit encore à Memphis,

(1) Hérodote, & d'après lui M. Rolin dans ſon Hiſtoire ancienne, rapportent ce trait au règne de Protée.

& qui frappa les yeux de Pâris, l'avertit du danger qu'il y couroit ; dans ce péril extrême il se donna pour un marchand Phénicien, qui venoit commercer en Egypte ; le tems & les malheurs l'avoient tellement changé, qu'il n'y fut point reconnu : il eût bien souhaité n'y pas faire un long séjour ; mais tombé du faîte des grandeurs, il n'avoit plus d'ordre à donner, c'étoit à lui à les attendre ; d'autant plus malheureux qu'avec un nom il avoit besoin des ombres d'une vie obscure, & craignoit tout de l'imprudente jeunesse qui l'accompagnoit ; confondue au milieu d'une cour étrangère, sans amis, sans secours, réduite à son seul mérite, n'osant même se faire connoître, elle souffroit impatiament la rigueur de son sort.

Frivolidès, Amasius & Locuplès, plus sensibles encore que les autres à leur infortune, par la douce habitude d'avoir toujours vécu au sein de l'abondance, gémissoient en secret de n'avoir pas eu le courage de s'ensevelir sous les ruines de Troyes. Que les tems étoient changés ! du palais de la volupté & de la molesse, ils se trouvoient précipités dans un abîme de miseres, au milieu des besoins pressans & de l'affreuse pauvreté.

Pâris qui, simple berger, avoit vu trois déesses attendre son jugement à la porte de sa cabanne, n'étoit n'étoit plus ce jeune présomptueux que l'amour heureux, les jeux & les plaisirs avoient depuis toujours suivis. Victime de ce même amour, fugitif, errant dans une terre étrangère, il se voyoit confondu aux portes du Palais de ce même Monarque qu'il avoit autrefois rendu jaloux de son sort; dans cet état cruel, la vie lui eût été insuportable sans le rayon d'espérance que Minerve avoit fait briller à ses yeux, & qui s'étoit réfléchi sur son cœur.

L'Égypte, objet de la colère des Dieux, n'étoit plus cet empire florissant dont Sésostris avoit reculé les bornes jusqu'aux extrémités de la terre; Anisus, ministre odieux, avoit succédé au sage Andusès; ce héros après avoir fait l'honneur & la gloire de son maître, enfin sacrifié lui-même à la haine de vils flatteurs, avoit été banni de sa patrie; & l'infâme Anisus, abusant de la foiblesse d'un prince endormi dans la molesse, proscrivoit sans honte sous des prétextes vains, ceux dont les biens ou les femmes excitoient ses lâches désirs: courtisan souple, rampant & bas près du souverain dont il caressoit les foiblesses, mais plus impérieux & plus tiran que son maître même, il retiroit avec usure des malheureux Égyptiens immolés à ses fureurs, le mercenaire encens qu'il prodiguoit à leur Roi.

Le palais de Protée étoit devenu l'asile assuré de tous les crimes ; la débauche, l'orgueil & l'impunité y levoient seuls leurs têtes altières ; la timide innocence n'osoit y faire entendre sa foible voix ; on voyoit s'y renouveller toutes les horreurs du règne de l'odieux Busiris ; la cour de Memphis n'étoit remplie que d'indignes flatteurs, qui éloignoient du trône tout ce qui portoit l'empreinte de la vertu.

Le Ciel las de tant de forfaits, parût enfin en marquer sa colère ; le Nil furieux, déborda d'une manière extraordinaire ; les palais de Protée furent inondés, & ses magnifiques jardins détruits ; par un prodige contraire, le fameux lac de Mœris demeuré à sec, laissa voir les bâses énormes des deux immenses piramides qui portoient au-dessus du niveau des plus grands débordemens, les statuës colossales dont elles étoient couronnées : il sortit du labyrinthe voisin de ce lac des bruits souterrains, qui se répéterent avec d'horribles mugissemens dans les douze palais qui l'environnoient ; la terre trembla au loin, & la foudre écrasa le sommet de la piramide de Memphis ; pour comble d'infortune le bœuf Apis mourut cette année ; toute l'Égypte enfin étoit plongée dans un deüil universel.

Quelques courtiſans attribuoient hautement ces déſaſtres à la mort d'un Crocodille qu'un Égyptien profane avoit écraſé ſur le bord du Nil ; d'autres aſſuroient avoir vû un Chat teint de ſon ſang ; le peuple mieux inſtruit, gémiſſoit de la vraie cauſe de toutes ces calamités ; mais ſa timide voix étouffée par la tirannie d'un miniſtre inſolent, n'oſoit percer juſqu'au trône, & le Ciel parloit en vain.

Hyppoménis trouvant plus commode d'imaginer que les Dieux tranquiles dans l'Olympe, uniquement occupés de leur grandeur, ne s'abaiſſoient point juſqu'à punir ou récompenſer les hommes, oſa plaiſanter ſur l'hiſtoire du Crocodille & du Chat ; tandis que Frivolidès eut la témérité de mettre ces plaiſanteries en vers Égyptiens, dans leſquels il n'épargna ni Protée ni Aniſus.

Amaſius, jeune préſomptueux, l'eſprit & le cœur rempli de ſes bonnes fortunes paſſées, ſur un ſignal équivoque, s'étant introduit dans l'appartement des femmes du Monarque à la faveur d'un déguiſement, faillit y perdre la vie.

Protée, indigné de ces témérités, en fit chercher les auteurs : Pâris dans la crainte de voir ces audacieux victimes de leur imprudence, & d'être envelopé lui-même dans leur diſgrace, les arracha de

Memphis, & regagna à travers mille dangers les rivages de la mer.

Au milieu de tous les malheurs auxquels l'Égypte étoit livrée, le vertueux Agénor, prince iſſû du ſang des anciens Rois du pays, oſa faire entendre ſa voix. Juſques-là comme un chêne vigoureux battu des vents, il avoit fait tête à l'orage; il fallut enfin céder au torrent; l'exil ſuivit ſes juſtes plaintes; il fut ſacrifié à un tas d'eſclaves, d'inconnus élévés par le crime & devenus grands à force de baſſeſſes, à cet eſpèce d'inſectes rampans qui s'attachent aux Cours pour la honte des Rois & le malheur des ſujets.

Tout ce qui reſtoit, ſenſible à la vertu, voulut ſuivre Agénor dans les déſerts.

Les contrées hyperboréennes, appellées depuis Gaules, étoient alors la Sibérie de l'Égypte, le rendez-vous des illuſtres infortunés qui vouloient mettre la mer entr'eux & leurs perſécuteurs, ou que l'on y réléguoit de force. Heureuſes colonies, qui ne furent point formées comme tant d'autres, du vil ſuperflu d'une nation trop peuplée, qui ne ſe prive ordinairement que de ſes membres les moins à regretter!

Le fils de Priam, que ſon deſtin appelloit en ces contrées, ſaiſit cette occaſion pour y paſſer à la faveur du grand nombre des paſſagers qui ſuivoient cet illuſtre Égyptien. Pâris fugitif n'étoit plus qu'un de ces mortels ignorés, confondus dans la foule, dont les démarches n'attirent aucune attention ; la liberté eſt au moins le prix de l'obſcurité.

La flotte voguoit heureuſement ; elle avoit laiſſé l'iſle de Crète ſur ſa gauche, traverſé une partie de la mer Égée, reconnu en paſſant les Ciclades, & cotoyé le Péloponèſe, lorſque s'avançant vers l'Heſpérie, un bruit terrible qui ſe fit entendre de loin, une terre de feu qui parut borner l'horiſon fixerent l'attention des Égyptiens, & tirerent Pâris de l'eſpèce d'inſenſibilité qui s'étoit emparée de ſes eſprits; c'étoit le Véſuve qui vomiſſoit dans les airs des tourbillons de feu & de fumée; tout à coup le ſoleil diſparoit, la ſombre nuit lui ſuccéde, une brume épaiſſe environne la flotte, des vents contraires mugiſſent dans les voiles; les vaiſſeaux emportés en pleine mer tombent du haut des vagues écumantes dans de profonds abîmes; l'inſtant d'après ramenés vers la terre, les matelots la découvrent à la pâle lueur d'un fleuve de laves enflâmées, qui de la montagne ſe précipite dans le ſein des ondes & ſe lance juſques ſur les vaiſſeaux; pour comble d'horreur les vents déchainés y vomiſſent de toutes parts une pluye de ſouffre, de cendres brulantes & de cailloux calcinés ; par-tout la mort ſe préſente avec les traits les plus affreux. Ici, l'on s'empreſſe d'éteindre le feu qui embraſe les mâts & les cordages ; là, les ondes ne ſemblent arracher les Égyptiens à la fureur des flâmes que pour les entraîner dans des abîmes ; les éclairs s'éclipſent devant ces torrens allumés ; les bruits ſouterreins du volcan ſont ſi terribles, que ſans la foudre qui ſillonne la nuë, on ne croiroit pas que le tonnerre ajoute aux horreurs de cette affreuſe nuit ; les femmes éplorées, pâles, tremblantes, & pouſſant des cris lamentables, ne ſavent où porter leurs pas incertains ; les unes ſecouant la flâme qui paſſe de leurs vétemens à leur longue chevelure, pouſſent vers le ciel les cris les plus perçans ; les autres, incapables de ſoutenir ce ſpectacle effrayant, envelopées dans leurs voiles, glacées d'effroi, déjà à demie enſevelies ſous les eaux, attendent à genoux la mort au milieu des flâmes ; tout préſente enfin la double horreur d'un embrâſement & d'un naufrage.

L'eſpérance ne reparut qu'avec l'aurore ; elle commençoit à peine à replier les ſombres voiles de la nuit, pour ouvrir les portes dorées de l'orient, lorſque tout-à-coup les vents ſe taiſent. Zéphir rafraichit l'air, le ciel ſe peint des plus vives couleurs pour embellir l'arrivée de l'aſtre du jour ; il paroît enfin ſur ſon char éclatant, & toute la nature à ſa vue reprend un nouvel être. Les flots s'abaiſſent, la mer devient tranquile, & ſon heureux calme ſe communique à tous les cœurs.

On ſuit les côtes de la longue Heſpérie; & après quelques jours d'une navigation plus heureuſe dans les mers d'Étrurie & de Ligurie, un vieux Pilote annonce la terre. L'Égyptien inquiet la cherche dans l'horiſon, tremblant qu'elle n'échape à ſon impatience; ce n'eſt d'abord qu'un point confondu avec le nuage qui la couvre, & avec les eaux qui la baignent; peu à peu ce point prend de la conſiſtance, chacun le cherche, chacun le voit; enfin les plaines s'affaiſſent, les montagnes s'élèvent, les bois inſenſiblement ſe détachent des prairies; on reſpire les parfums dont l'air de ces riantes contrées eſt embaumé; la fleur de l'oranger vole ſur l'aîle des zéphirs au-devant de ces nouveaux hôtes, & bientôt l'onde écumante ſe briſant contre les rochers, avertit le pilote de caler ſes voiles pour ſe ménager un facile attérage.

La flotte s'arrête enfin à l'embouchure d'un grand fleuve, dont l'impétueuſe rapidité ſemble repouſſer les vaiſſeaux. C'étoit le Rhodanim, (1)

(1) Aujourd'hui le Rhône.

ainſi nommé des Rhodiens, qui les premiers deſcendirent ſur ſes bords fortunés.

Agénor après l'avoir remonté avec des efforts infinis pendant un jour entier, découvrit enfin l'habitation des Arélates, ainſi appellée d'Arlétès leur chef, Egyptien auſſi célèbre par ſes malheurs que par ſon illuſtre origine.

Le long du rivage paroiſſoient de petits batteaux amarés, on en voyoit de commencés ſur les chantiers, d'autres prêts à être lancés à l'eau, & déjà ornés de leurs banderolles; mais cette hahitation paroiſſoit entièrement abandonnée, ce qui jetta Agénor dans le plus grand étonnement.

Sur une éminence voiſine s'élevoit un bois ſacré, dont les arbres auſſi anciens que le monde, portoient leurs têtes altières dans les nuës, & couvroient de leurs ombres un temple ruſtique formé par la nature au milieu des rochers. Les anciens habitans du pays reſpectoient cet aſile, dont ils racontoient mille fables : c'étoient-là, diſoient-ils, que leurs ancêtres avoient offert des ſacrifices au Vent Cireins, pour détourner le ſouffle empoiſonné dont il dévoroit leurs arbres, leurs cabanes & leurs troupeaux. C'étoit dans ces lieux ſombres & ſauvages que ce Dieu redoutable avoit fixé ſa demeure, & d'où il s'étoit plû à exciter les tempêtes ; enfin c'étoit-là qu'Hercule l'Idéen, philosophe Crétois, avoit habité lorsqu'il passa dans ces climats avec les Doriens.

Les Égyptiens avoient placé leurs Dieux & leurs effets les plus précieux dans cet endroit sacré ; ils avoient fortifié la coline d'un fossé large & profond, pour s'assurer une retraite en cas de besoin contre les Barbares, dont ces contrées inconnuës pouvoient être habitées.

A la vue de la flotte Egyptienne, tous les Arélates s'étoient réfugiés dans ce lieu redouté, persuadés qu'elle apportoit quelqu'ordre sinistre du cruel Anisus, qui venoit les persécuter jusques dans ces déserts.

Agénor promenant de tous côtés ses regards, surpris, apperçoit des feux qui brillent à travers la forêt : pendant que le débarquement se fait, il marche vers la coline, & s'arrête à la tranchée qui défend l'accès du temple : un vieillard, qui paroît seul & sans armes, rassure les Arélates, on l'introduit, il se nomme, & le calme renaît ; on accourt, on l'entoure, & personne ne peut s'imaginer qu'Agénor soit le ministre de quelques nouvelles cruautés. A ce nom respectable, l'air retentit de mille cris de joie, que les échos des forêts & les rochers d'alentour renvoyent de toutes parts jusqu'au rivage ; Arlétès uni par le sang & l'amitié à ce respectable vieillard, l'embrasse les larmes aux yeux, & lui présente la Colonie.

Cette heureuse nouvelle portée de bouche en bouche, parvient en un instant à ceux qui s'étoient les plus éloignés.

Agénor, attendri à la vue d'un si doux spectacle, s'arrête un moment pour recevoir les vœux d'une foule empressée dont les regards sont fixés sur lui ; la joie brille dans tous les yeux ; les vieillards, les femmes, les enfans se hâtent, fendent la presse pour parvenir jusqu'à lui ; le peuple & les grands confondus dans cette allégresse publique, offrent le tableau touchant d'une famille nombreuse, qui embrasse les genoux d'un pere tendre au retour d'un long voyage.

Bientôt à la voix d'Arlétès la confusion cesse ; le peuple s'éloigne par respect, les grands s'approchent, & Agénor marchant au milieu d'eux, voit reprendre de toutes parts les travaux suspendus.

Pâris, mêlé dans la foule & toujours inconnu, est témoin de cette scène attendrissante ; il fut frappé de la noble simplicité de l'habitation d'Arlétès ; elle ne présentoit rien de fastueux ; le besoin seul sembloit en avoir dirigé la construction ; la vertueuse Théline en faisoit le principal ornement ;

vêtue d'une longue robe de lin, que ses mains avoient filée, une ceinture de pourpre de Tyr, marquoit l'élégance de sa taille; ses cheveux, noués d'un simple ruban, retomboient négligemment sur son sein; la décence & la modestie composoient toute sa parure; elle avoit moins de graces quand, couverte d'or & de pierreries à la cour de Protée, sa beauté causa ses malheurs.

Les Arélates jouissoient dans leur exil des douceurs de la paix, lorsqu'un événement imprévu faillit à détruire entr'eux l'harmonie, si nécessaire aux progrès d'un nouvel établissement.

La construction de la nouvelle ville, de ses remparts, de son espèce de port, de sa petite marine, avoient occasionné des dépenses extraordinaires, pour lesquelles on avoit formé avec les Colonies voisines, des engagemens qu'il étoit question de remplir: il fut proposé à cet effet différens moyens; mais les avis se trouvoient si partagés, qu'on ne pouvoit se fixer à rien; les uns vouloient taxer l'industrie & le commerce, les autres soutenoient au contraire que c'étoient ceux qui s'endormoient dans une lâche oisiveté qu'il falloit en punir; ce parti, juste en apparence, avoit aussi ses inconvéniens: on pouvoit écraser la véritable impuissance, & opprimer la foiblesse; rejetter d'un autre côté l'impôt ſur les terres, étoit décourager l'agriculture, cette première ſource du commerce, de l'abondance & du bonheur des peuples ; le porter ſur le ſuperflu & les choſes du luxe, eût peut-être été le parti le plus ſage, mais l'objet en eût été trop médiocre dans ces commencemens, où l'on n'étoit pas encore ſorti des bornes du ſimple néceſſaire.

Agénor, conſulté ſur ces différentes propoſitions, leur répondit.

» O mes amis! calmez vos inquiétudes, vous » avez des reſſources que vous ne connoiſſez pas; » des grands biens que je poſſédois en Égypte, » une partie m'a ſuivi ; ne ſont-ils pas à vous? qu'ils » ſervent aujourd'hui à vous acquitter envers vos » voiſins, quel plus noble emploi pourrai-je en » faire ? libres d'inquiétude pour le paſſé, nous » pourvoirons aux beſoins de l'avenir, & la con- » tribution d'un chacun ſera légère, ſi de ſages » adminiſtrateurs la font appliquer toute entière » aux beſoins de l'état.

En Egypte, nos rois ſont jugés par le peuple; mais ce n'eſt qu'après leur mort; on doit ce reſpect à leur perſonne ſacrée : poſons ici pour loi fondamentale de cette colonie naiſſante que les miniſtres publics, garans de leur adminiſtration, ſeront jugés par ce même peuple, auſſitôt qu'on retirera de leurs mains les rênes du gouvernement, afin que les Aniſus, retenus par cette crainte ſalutaire, ayent toujours devant les yeux ce moment redouté; loin de nous cette fauſſe politique qui, conſacrant tous leurs délires, ne laiſſe que le malheur public pour monument de leur exiſtence.

Tout le peuple pénétré de reconnoiſſance, s'écria d'une commune voix : » Vive Agénor, qu'il » diſpoſe de tout ce que nous poſſédons; celui » qui penſe avec tant de nobleſſe, & qui uſe ſi » généreuſement de ſa fortune, pourroit-il abuſer » des nôtres! Il écoutera nos plaintes avec bonté, » il nous fera juſtice, tout ce qu'il aura décidé fera » notre loi ſuprême.

Par cet heureux moyen, le calme ſuccéda à l'orage, & tout rentra dans l'ordre accoutumé.

Rien n'échappe au curieux Pâris, tout l'intéreſſe dans un pays où les deſtins lui préparent une couronne; il voit avec une ſatisfaction ſécrete, les nouveaux habitans qui viennent peupler ces contrées; ce ſont autant de ſujets pour ſon nouvel empire : il s'informe ſi la mort a ravi le ſage Andusès, ce héros de l'Égypte, & dont elle n'étoit pas digne : on lui dit qu'il exiſte encore, mais que loin du commerce des hommes, il habite ſeul au pied d'un rocher dans le désert ; que rien n'a pû le tirer de sa solitude, où les chefs de la Colonie vont tous les ans prendre ses conseils, & lui porter les vœux de tous les Égyptiens qui ont partagé sa disgrace.

Les compagnons de Pâris, peu accoutumés à la fatigue, & que tant de courses penibles commençoient à lasser, trouvant ce séjour délicieux, proposerent à leur chef de s'y fixer : Hypoménis voulut même lui faire entendre qu'il devoit peu compter sur les promesses de Minerve ; que c'étoient sans doute de vains songes, dont son imagination frappée se repaissoit encore.

L'indiscret Frivolidès fit plus ; croyant trouver en ces beaux lieux la fin de ses travaux, il osa trahir le secret de leur origine, & répandre sourdement le bruit qu'un fils de Priam avoit suivi Agénor. Pâris reconnu, fut forcé de visiter les chefs de cette colonie, qui lui firent un accueil digne de sa naissance, plaignirent ses malheurs, & pour l'engager à rester parmi eux, lui offrirent des terres dans le voisinage, & tous les secours dont lui & les siens pouvoient avoir besoin.

Le prince Troyen, pénétré de reconnoissance, répondit comme il le devoit, aux marques d'amitié dont Agénor & Arlétès le comblerent ; il les aſſura de la ſienne, & s'excuſant ſur le déſir qu'il avoit de rejoindre une épouſe chérie, & trop longtems abandonnée, leur promit de venir les viſiter dans des tems plus heureux.

Inſtruit qu'il ſe forme à peu de diſtance delà ſur le bord de la mer un nouvel établiſſement d'étrangers, il ſe perſuade que ce peuvent être des Troyens fugitifs ; plein de la plus vive impatience, il quitte les Egyptiens, & porte ſes pas du côté de Marſillis, ainſi s'appelloit cette nouvelle colonie ; il traverſe avec précipitation une vaſte plaine (1) couverte de cailloutages, ſous leſquels croît une herbe odoriférante, auſſi ſalutaire qu'agréable aux troupeaux ; il laiſſe ſur la droite de vaſtes marais blanchis par les ſels que le ſoleil y forme naturellement ; & après quelques jours de marche, il découvre la mer, & un port plus commode que ſpacieux, autour duquel s'élève en forme de croiſſant, une habitation déjà conſidérable ; des navires à l'encre, dont les mâts reſſemblent à une forêt, ajoute à ce ſpectacle une variété des plus agréables ; il approche, & voit d'un côté l'image de la guerre, un camp, des tentes, des armes, des chariots, & de l'autre des

(1) La plaine de la Crœu.

courſes, des jeux où les plaiſirs préſident comme au ſein de la paix la plus profonde.

Pâris, étonné de ce contraſte étrange, en témoigne ſa ſurpriſe, s'informe du ſujet de ces fêtes, & quel eſt le peuple qui habite ces rivages, il apprend que Marſilis, Phocéen d'origine, chef de cette Colonie, charmé de la beauté du ciel de ces contrées, de la douceur du climat, de la bonté du ſol & de la ſureté du port, s'y étoit établi; que Sénanus, roi des Liguriens, dont le royaume s'étend depuis les Alpes juſques ſur ces côtes, pouvant ſeul s'oppoſer à cet établiſſement, Marſillis s'étoit rendu à ſa Cour avec quelques-uns des ſiens pour ſolliciter ſon agrément, & que la fortune l'avoit favoriſé au-delà de ſes eſpérances.

Il étoit arrivé par l'effet d'un heureux haſard, le jour que la belle Gyptis, fille de ce Roi, devoit ſelon les loix du pays ſe choiſir un époux: le Chef des Phocéens n'avoit pas plutôt paru dans l'aſſemblée des prétendans, que ſon air noble, ſa démarche aiſée, l'élégance & la richeſſe de ſes habits & de ceux de ſa ſuite, avoient attiré ſur lui tous les yeux. Gyptis elle-même, après l'avoir conſidéré quelque tems avec complaiſance, l'avoit environné trois fois de ſa guirlande, & lui avoit préſenté une coupe d'or; à ce ſignal, qui marquoit le triomphe

triomphe de Marſillis : le Roi inſtruit que cet étranger étoit le Chef de cette Colonie fameuſe qui venoit de s'établir dans ſon voiſinage, avoit confirmé cet hymen, & ces fêtes des Marſilliens étoient pour célébrer le retour de leur Chef, & ſon heureuſe alliance avec Gyptis.

Pâris & ſes Compagnons préſentés au Chef de la Colonie, en furent accueillis avec bonté comme ſimples voyageurs.

Le fils de Priam, frappé pendant le ſéjour qu'il fit à Marſillis des rapides progrès de cet établiſſement, prévit dès-lors ce que ſeroit un jour cette ville naiſſante, dont les premiers édifices avoient été conſacrés aux Dieux protecteurs de la navigation, du commerce & des arts, & les premières loix dictées par la bonne-foi, le travail & la frugalité ; il conçut la plus haute idée de la ſageſſe de ce peuple, qui ſe plût à exercer envers lui & les ſiens, & dans toute leur étendue, les droits ſacrés de l'hoſpitalité, & qui reſpecta même juſqu'au ſilence qu'il gardoit ſur ſon nom & ſa patrie.

Au midi de la ville s'élève une petite montagne (1) d'où l'on découvre la mer. C'eſt là que, ſous l'abri ſolitaire & ſombre d'un bois de mirthe

(1) Aujourd'hui Notre-Dame de la Garde.

& de lauriers, les Muſes avoient un Temple, & que leurs favoris s'y retiroient pour s'y livrer loin du tumulte aux douces rêveries qu'elles inſpirent; tous les ans de ſages Vieillards propoſoient un ſujet de poëſie, & jugeoient du talent des élèves.

Pour la fête nouvelle on les avoit invités à chanter l'arrivée de Gyptis. Le jour marqué pour couronner le vainqueur, Pâris voulut aſſiſter à la cérémonie; mais touché du triſte ſort des vaincus, qu'on obligeoit d'effacer leurs ouvrages avec leurs langues, il en marqua ſon étonnement: Marſillis lui dit qu'il avoit imaginé cette peine, dans la crainte que le charme ſéducteur de l'aimable Poëſie, à laquelle ſes ſujets étoient naturellement portés, ne ralentît leur ardeur pour le commerce & la navigation, ſes premiers objets, & pour écarter du culte des Muſes tous profânes qui ne ſe ſentiroient pas animés de ce feu divin, de cet entouſiaſme ſacré, qui pénètre & tranſporte les vrais favoris; tous ces jeunes préſomptueux, dont les écrits, enfans de l'oiſiveté & de l'ennui, ne ſemblent faits que pour perpétuer l'empire de leur pere.

Pâris, dont la ſageſſe régloit toutes les démarches, s'attira tellement la confiance des Marſilliens, qu'accoutumés de choiſir leurs juges parmi des étrangers, pour éviter l'influence dangereuſe des les liaiſons du ſang dans les jugemens, ils le prié-rent de remplir ce glorieux emploi; mais les grandes deſtinées auxquelles il étoit appellé, ne lui permirent pas de ſe rendre aux vœux de ce peuple : il regarda même déjà comme un effet des promeſſes de Minerve, la nouvelle qu'il apprit à Marſillis, qu'Anténor & Francus ſuivis de quelques Troyens, avoient déjà pénétré dans ces vaſtes déſerts; ce qu'il attribuoit au ſecours de quelque puiſſance ſurnaturelle : il étoit prêt de quitter cette Colonie, quand la renommée y porta de chez les Arélates, la nouvelle de ſon arrivée.

Le fils de Priam reconnu, eut bien de la peine à s'arracher aux careſſes de Marſillis, & à ſe défendre des vives ſollicitations qu'on mit en uſage pour le retenir; mais ſenſible aux offres obligeantes de ce généreux Phocéen, il lui en marqua ſa reconnoiſſance par les témoignages de l'amitié la plus tendre; & après lui avoir demandé la ſienne, partit réſolu de pénétrer plus avant dans les terres, pour attendre dans quelque ſolitude écartée, le moment marqué par les deſtins pour ſa réunion à ſa chere Œnone & à ſon fils.

Uniquement occupé de ſes nouvelles deſtinées, il s'éloignoit de Marſillis, lorſqu'après avoir traversé de vastes déserts coupés de bois & de prairies, il rencontra un grand fleuve (1). Triste & pensif, errant sur ses rives, incertain de la route qu'il devoit tenir, il s'abandonna à mille réflexions accablantes; tandis que ses Compagnons, négligemment couchés sur le rivage, gardoient un morne silence : ils étoient prêts de se livrer au plus affreux désespoir, quand ils apperçurent des Sauvages qui venoient à eux dans des espèces de canots, & qui les passerent sur la rive opposée, avec une humanité qui excita leur admiration; rendus à l'autre bord, les Troyens pleins de reconnoissance, suivirent leurs Guides, qui les conduisirent sous une feuillée agréable, où ils leur servirent du lait & des fruits sauvages.

Pâris, touché de l'heureuse simplicité qui régnoit dans ce désert, ainsi que de l'ordre & de l'arrangement qu'il y voyoit, se rappella la vie champêtre qu'il avoit menée lui-même autrefois chez Cébren, pere de sa chere Œnone, & convint qu'il n'avoit jamais été plus heureux. Comme il s'exprimoit avec l'enthousiasme d'un homme persuadé; » hélas, lui dit un de ces Sauvages, vous parlez » comme le Vieillard de la montagne; c'est ce qu'il

(1) La Durance.

» me diſoit encore dernièrement en préſence de » ſon fils ; comme je lui marquois quelque déſir » d'aller demeurer chez les Marſilliens : *garde toi*, » me dit-il, *de quitter tes cabanes, & de te laiſſer* » *ſurprendre à l'apparence du bonheur ; c'eſt toi qui* » *le poſſede, & non pas eux ; tu es riche, tu ſerois* » *pauvre ; mille choſes dont tu ne connois pas l'uſage,* » *te deviendroient néceſſaires, & leur poſſeſſion ne te* » *rendroit pas plus heureux.*

Il faut, repartit Pâris, que ce mortel vénérable ait à ſe plaindre de la ſociété ; qu'il ait éprouvé des malheurs ; qu'il connoiſſe les hommes, puiſqu'il conſeille de les fuir.

Il s'imagina même que ce pourroit bien être Anténor ; il s'informa de la manière de vivre de ce Vieillard, de ſes différentes occupations, de ſon habillement ; tout ce qu'on lui en apprit n'ayant ſervi qu'à le confirmer de plus en plus dans ſon idée, il conçut le déſir le plus vif de le connoître, & l'on promit de le conduire dès le jour ſuivant au rocher de la montagne.

LIVRE SECOND.

LE ſoleil qui s'étoit couché dans des nuages de feu, promettoit à ſon lever le plus beau jour ; les Troyens n'eurent pas plutôt ſalué cet aſtre bienfaiſant, qu'accompagnés d'un de leurs hôtes qui leur ſervoit de guide, ils continuerent leur route à travers un pays agréable ombragé de petits bois.

Sur le ſoir, après une longue marche, ils entendirent un bruit ſemblable à celui d'un torrent qui ſe précipite ; & en tournant une haute montagne, ils virent ſortir du flanc d'un immenſe rocher taillé à pic, une fontaine (1) ſi conſidérable, qu'on l'eût priſe pour un fleuve qui s'élançoit du ſein de la terre; l'intérieur creuſé en voûte, laiſſoit entrevoir comme un étang ſouterrein, dont les eaux mugiſſantes ſortoient avec un bruit terrible, en ſe briſant contre d'autres rochers qu'elles couvroient de leur écume, & deſcendues dans la plaine, y formoient différens ruiſſeaux, qui par mille détours arroſoient ces beaux lieux. L'impétueux Simoïs, en s'échappant du mont Ida, ne baigne pas plus agréablement les rivages de Troye, après

(1) La fontaine de Vaucluſe.

s'être réuni aux tranquilles eaux du Xante.

Pâris eut à peine fait quelques pas avec toute l'impatience d'un voyageur curieux, qu'il apperçut ſous un berceau fleuri, un jeune homme qui ſembloit écouter avec une grande attention, les leçons de ſon pere; frappé de ce tableau touchant, il s'arrête pour le contempler; bientôt le diſciple ſans l'appercevoir, court à ſon troupeau qui tournoit du côté de la forêt, & le ramene dans la plaine.

Le Vieillard reſté ſeul, appercevant des étrangers, ſe léve, marche au-devant d'eux, leur fait l'accueil le plus honnête, les conduit ſous ſes berceaux, & les invite à s'y repoſer.

Il n'a pas prononcé quelques mots, que Pâris le fixant avec attention, comme quelqu'un qu'il croit reconnoître, s'écrie, en ſe levant tout-à-eoup avec vivacité pour ſe précipiter dans ſes bras :

» Quoi! c'eſt vous, cher *Cébren* ? c'eſt vous ? ô
» le plus ſage des mortels & le plus malheureux!
» où eſt votre vertueuſe fille ? ma chere Œnone
» que j'ai tant aimé ; Minerve auroit-elle accompli
» ſa promeſſe, ſommes-nous enfin tous réunis ?

Au nom d'Œnone, les entrailles du plus tendre des peres s'émeuvent ; les larmes coule de ſes yeux, il cherche à démêler les traits de celui qui lui parle, & le reconnoît.

» Ah! cher Prince, lui dit-il, après un moment
» de ſilence & jettant un profond ſoupir, elle
» n'exiſte peut-être plus; je l'ai cherchée pendant
» pluſieurs années dans ces vaſtes ſolitudes où les
» Dieux nous ont conduits; en vain je les ai rem-
» plies de mes cris, quelque Divinité jalouſe nous
» l'a ravie; cependant, ſi j'en crois un ſonge flat-
» teur, j'ai vû une Immortelle lui donner aſile
» parmi des Vierges ſacrées, comme pour l'y con-
» ſerver plus digne de vous: mais portez vos re-
» gards ſur ce jeune Paſteur, qui de ſes chants fait
» retentir la plaine; à cet air noble, intéreſſant, on
» voit qu'il étoit fait pour jouir d'un plus heureux
» ſort; c'eſt mon fils.

Votre fils! interrompit Pâris; eûtes-vous donc d'autre enfant qu'Œnone? Hélas! continua Cébren; abandonné de ſon pere avant que de naître; je dûs lui en ſervir; Œnone eſt ſa mere: je vous entends, reprit Pâris, tranſporté de joie, il eſt mon fils. Dieux puiſſans! pourſuivit-il, en courant à ſa rencontre, ces bras étoient-ils faits pour porter la houlette? heureux troupeau! c'eſt la main du petit-fils de Priam, du neveu d'Hector, qui guide tes pas.

La parole lui manque; il ne peut que preſſer ardemment ce jeune homme contre ſon ſein.

Pariſis (c'étoit ſon nom) interdit à la vue des tranſports de cet étranger, les partage avec reconnoiſſance; il voit pleurer Cébren, & mêle ſes larmes aux ſiennes. Quoi! dit-il, en le regardant, » quoi! vous pleurez mon pere »? Moi, ton pere? reprit le Vieillard, en pouſſant un ſoupir; c'eſt cet étranger que tu vois. Pâris, attendri, reſte quelque tems ſans parler; puis tout-à-coup, en levant les yeux vers le ciel, il s'écrie.

» Sage Minerve! acheve ton ouvrage; après » m'avoir réuni à mon fils, permettrois-tu que ſa » ſenſible mere ne fût pas rendue à mes vœux? » Non, tu feras fidelle à ta promeſſe, & je ſerois » coupable d'en douter.

» Quoi, c'eſt vous, ô! mon pere, s'écrie Pariſis, » revenu du premier trouble de ſes ſens; c'eſt » vous! puiſſent les juſtes Dieux rendre bientôt » Œnone a vos vœux comme aux miens!

Les Troyens, témoins de cette ſcène, en ſont également attendris: Pariſis, dans cet âge heureux où tout intéreſſe, ranime leur eſpérance; ils commencent pour la première fois, à ne pas déſeſpérer des promeſſes de Minerve, qu'ils avoient regardées juſques-là comme un vain ſonge, dont Pâris ſe repaiſſoit pour adoucir ſes malheurs; Hypponénis lui-même ne ſait plus qu'en croire.

Le Prince Troyen, dans les premiers transports d'un bonheur inespéré, garde un silence qui n'est interrompu que par de longs soupirs. Délà, revenu à lui-même, il reprend son fils dans ses bras, l'arrose de ses larmes, & demande à Cébren comment il est parvenu jusqu'en ces déserts, & par quel événement il a perdu sa fille?

Tandis que le jeune Parisis court préparer une feuillée & des fruits pour son pere, le bon Cébren satisfait en ces termes à la vive impatience de Pâris.

» Je ne vous rappellerai point, mon fils, la pre-
» mière cause de nos malheurs; ce seroit les renou-
» veller, & je voudrois pouvoir vous les faire
» oublier; j'en atteste les Dieux qui lisent au fond
» de mon cœur; ils étoient sans doute jaloux du
» sort fortuné dont vous jouissiez à l'ombre de
» nos paisibles cabanes: Œnone, dans l'ivresse
» d'un premier amour, sur la foi de vos sermens,
» couloit des jours heureux dans le sein de la paix
» & de l'innocence; mais Vénus avoit juré notre
» perte; votre imprudente jeunesse n'a fait que
» l'exécuter; ma fille, abandonnée par ce qu'elle
» avoit de plus cher au monde, après ce fatal
» jugement, la source de nos larmes, & ne pou-
» vant rester dans des lieux qui lui rappelloient
» sans cesse un bonheur qui n'étoit plus, résolut

» dans son désespoir, de s'exiler du mont Ida : » Minerve, la sage Minerve, cette protectrice des » cœurs vertueux, restée parmi nous après le dé- » part de ses rivales, daigna nous consoler elle- » même ; elle promit à votre épouse infortunée, » qu'un jour le voile tomberoit de vos yeux, & » qu'alors vous reviendriez à ses pieds plus tendre » que jamais. Ce fut cette Déesse qui nous ordonna » de passer à Lesbos, où nous nous embarquâmes » sur un vaisseau Phocéen, & nous abordâmes à » l'endroit où Marsillis vient d'établir sa Colonie ; » d'où, pour nous éloigner du commerce des » hommes & des rivages de la mer, nous perçâmes » jusqu'à cette fontaine. Charmé de la profonde » solitude de ces beaux lieux, de la richesse des » tableaux que la nature y présente de toutes » parts, & de la douceur de l'air qu'on y respire, » je choisis cet asile pour en faire notre retraite ; » mon premier soin fut d'y élever un autel à Mi- » nerve, en reconnoissance de ses bienfaits.

» Quelques Sauvages vinrent nous visiter ; » touché de leur caractère doux & humain, je » leur proposai, & ils consentirent de rester » avec nous ; ils nous aidèrent depuis à former des » troupeaux de toute espèce, & je leur appris à » tirer du sein de la terre d'abondantes récoltes.

» De leur nombre étoit Zaraïs, mortel vertueux, » le même que vous voyez en ce moment suivre » votre fils. Il habitoit dans la forêt à peu de » distance de nous, & venoit de s'unir à l'aimable » Méris, qui devint la compagne de votre épouse : » la conformité de leur âge, de leurs goûts & de » leur caractère, fut le lien de la tendre amitié qui » les unit.

» A peine nous commencions à nous remettre » des fatigues d'un si pénible voyage, lorsque » Œnone, sous ce berceau champêtre, mit au » monde un fils qu'elle nomma Parisis ; cet enfant » devint le tendre objet de nos soins & notre » unique espérance ; mais les Dieux ne permirent » pas à votre épouse de lui continuer longtems des » soins si précieux. Il n'eut pas plutôt souri à sa » mere, qu'il la perdit, avant même que d'avoir » pû lui faire entendre un nom si doux.

» Hélas! ce triste événement est encore présent » à mes yeux. Nous étions sous le sombre feuillage » du bouquet de hêtre qui couronne cette coline » à votre droite : là, nous offrions nos sacrifices » ordinaires aux Dieux protecteurs de l'innocence ; » nous les conjurions d'écarter de nous les dangers » auxquels nous étions exposés dans ces déserts. » La timide Œnone, prosternée aux pieds de leurs

» autels, tenoit ſon fils dans ſes bras languiſſans, » lorſque tout-à-coup l'air retentit de mille cris » confus, tels que ceux qu'on entend à l'approche » d'une armée, & bientôt le ſommet de ces mon- » tagnes parut couvert de ſoldats qui deſcendoient » comme un torrent dans la plaine: c'étoit une horde » de ces peuples vagabons qui courent la terre. » J'appris de l'un d'entr'eux, qui termina ici ſa » carriere, accablé ſous le poids des années, que » cette multitude, laſſe de ſuivre le farouche Celtès, » cherchoit ſous la conduite d'un autre chef, un aſile » dans ces déſerts; quelque Divinité propice, leur » avoit ſans doute caché les charmes de Vaucluſe, » où ils euſſent pû ſe fixer. J'étois plongé dans » les réflexions les plus douloureuſes, lorſqu'un » nuage épais qui nous environna tout-à-coup, » déroba ce peuple à mes yeux, & qu'une voix » céleſte ſans doute, prononça diſtinctement ces » mots.

» Ne crains rien Cébren, les Dieux te pro- » tegent, reſpecte leurs décrets.

» Après le départ de ces Barbares, les ténèbres » ſe diſſiperent, & bientôt le jour reparut; mais » quel fut mon étonnement, quand voyant Pariſis » ſur l'autel, je ne vis plus Œnone! Où le ciel » avoit-il conduit ſes pas? les Celtes l'avoient-ils

» enlevée? qu'alloit-elle devenir? qu'alloit devenir
» ſon enfant, dans un âge où les ſoins d'une mere
» lui étoient ſi néceſſaires? en gémiſſant ſur ſon
» ſort, je le pris dans mes bras, je l'appellai mon
» fils; & rempliſſant envers lui les devoirs ſacrés
» qu'impoſent des noms ſi doux, je le confiai aux
» ſoins de la ſenſible Méris, de cette généreuſe
» amie, qui bientôt devenue mere, partagea ſa
» tendreſſe entre ſes enfans & le vôtre. Dès que
» l'impreſſion des premiers objets donna naiſſance
» à ſes idées, je lui parlai des Dieux; le ciel & la
» terre furent les ſeuls livres où je lui fis lire leur
» puiſſance & leur bonté; il apprit à les aimer, à
» les craindre, à leur offrir des victimes d'une
» main pure; il regarda l'univers comme leur
» temple, & la terre comme un autel où toute la
» nature leur ſacrifie.

» Je gravai dans ſa mémoire, les noms fameux
» des Princes bienfaiſans, qui ont honoré l'huma-
» nité; je ne lui cachai que la gloire de ſa naiſſance,
» bien frivole & d'opinion, inutile dans ces déſerts,
» & dont, ſi tant eſt qu'il en ſoit beſoin, on l'inſtruira
» toûjours à tems. Souvenez-vous, mon cher Pâ-
» ris, qu'heureux ſous nos ruſtiqnes toîts, vos
» malheurs n'ont commencé que du jour où vous
» fûtes inſtruit de votre illuſtre origine.

» Lorſque ſes jeunes bras furent affermis par » les années, les travaux champêtres, l'agricul- » ture, le ſoin des troupeaux, partagerent ſes » occupations; il a défriché avec Zaraïs ces terres » que vous voyez couvertes de riches moiſſons; » il a formé autour de notre habitation ces riantes » prairies; il a ouvert ces canaux qui les arroſent; » il a ménagé au penchant de la montagne, cette » portion de la fontaine, qui, en s'échappant avec » un bruit terrible à travers ces rochers, les blan- » chit d'une écume toujours renaiſſante: c'eſt en- » core lui qui, ſécondé de nos Sauvages, a creuſé » ce roc immenſe, à l'abri duquel nous habitons, » qui l'a taillé en forme de grotte; lui-même a » percé dans la forêt ces ſombres routes, où l'œil » ſe perd ſous ces longs ceintres de verdures impé- » nétrables aux rayons du ſoleil; cette enceinte » de paliſſades en forme d'arc, qui enclôt notre » domaine, & qui des deux côtés ſe réuniſſant au » rocher nous renferme ſi bien, eſt encore ſon » ouvrage; ce ſéjour enfin, eſt devenu par ſes » travaux, mille fois plus riant, que ces jardins où » l'art, le ciſeau, & l'ennuieuſe ſymétrie, maſquent » les charmes de la nature, en voulant y rétablir » l'ordre: les Sauvages d'alentour attirés par la » nouveauté de ce ſpectacle, viennent prendre

» modèle ſur notre habitation pour former les » leurs; quelques-uns même, ſur-tout Allobrox & » Taras, que vous voyez empreſſés à nous ſervir, » ſe ſont attachés à nous, & ont groſſi notre petite » ſociété; je leur ai diſtribué des terrains à défri» cher; je leur apprends la façon de les cultiver, & » d'en tirer des fruits de toute eſpèce; ils portent » notre ſuperflu à Marſillis, ou chez les Arélates, & » en rapportent tout ce qui manque à nos beſoins.

Le jeune Pariſis, en revenant avec du laitage & des fruits qu'il offrit à ſon pere, ſuſpendit le récit de Cébren, que les ſentimens qu'ils éprouvoient rendoit délicieux; ils firent un repas champêtre, & bientôt la nuit les invitant au repos, ils paſſerent ſous les berceaux qui leur étoient préparés.

Le ſoleil avoit déjà fourni le tiers de ſa carrière, que Pâris ſous le ſombre abri d'un rocher ſolitaire, étoit encore dans les bras du ſommeil, accablé des fatigues inſéparables de tant de courſes & d'ennuis; c'étoit pour la première fois depuis qu'il avoit quitté Troyes, que ce héros jouiſſoit des douceurs d'un ſommeil tranquile. Mais quel plaiſir plus délicieux encore, lorſque ſentant ſes mains preſſées par d'autres mains, & une bouche collée contre la ſienne, il ſe réveille, ſe trouve environné de fleurs & dans les bras de ſon fils.

Pâris,

Pâris, ne peut, ni ne veut retenir ſes larmes; il ſerre ſon fils contre ſon ſein, & jouit pour la première fois, du bonheur d'être pere.

Cébren, qui travailloit à quelques pas de-là, s'approche; le nom d'Œnone eſt mille fois répété; on s'entretient du bonheur & de l'eſpérance de la revoir, tandis que ſon fils, proſterné & les yeux fixés vers le Ciel, récite avec toute l'énergie du ſentiment, ſa prière ordinaire aux Dieux, pour qu'ils conſervent & lui rendent bientôt la plus tendre des meres.

Pâris, en l'admirant avec attendriſſement, gémit de voir que tant de vertus vont peut-être reſter enſevelies dans ces déſerts.

Pariſis, qui s'en apperçoit, en veut ſavoir la cauſe; & l'auteur de ſes jours feignant de céder à ſon empreſſement, lui dit qu'il regrette le mont Ida, & les heureux rivages du Simoïs. » O mon » pere! répond ſon fils, puiſque j'ai le bonheur de » vous poſſéder en ces lieux, puiſſe le Ciel nous » y rendre bientôt ma mere, & tous mes vœux » ſont ſatisfaits! en finiſſant ces mots, le Berger remarquant que le ſoleil avançoit ſur l'horiſon, reprit avec précipitation ſa houlette, & ſe mit en devoir de retourner à ſon troupeau.

Le Prince Troyen, reſté ſeul avec Cébren, &

curieux de connoître ces contrées promises à sa postérité, apprit de ce Vieillard que l'intérieur des terres n'étoit encore habité que par des peuples simples, guidés par leur instinct; qu'ils n'avoient d'autres demeures que leurs forêts; qu'ils y vivoient de fruits sauvages & de racines; sans autres loix que celle que dicte la nature,

» Pour les femmes, poursuivit-il, la tradition » du pays veut que Nérée, Dieu marin, fils de » l'Océan & de Thétis, ayant eû de Doris sa sœur » cinquante filles, elles s'unirent aux fils de la » Terre: c'est de ces alliances que ces peuples » font descendre leurs femmes, qu'ils appellent » toutes Néreïdes, du nom de leur premier pere: » les hommes les recherchent avec empressement; » mais pénétrés du plus profond respect pour elles, » ils n'osent leur faire aucune violence; leur force » est dans leur foiblesse.

Méris avoit eu deux filles, Gallie & Naïs; elles avoient été élevées avec Parisis; mais au sortir de l'enfance, Cébren avoit prié leur mere de les tenir éloignées de son élève, pour que rien ne pût troubler le repos de son ame; son jeune cœur, fermé aux charmes séducteurs des sens, sommeilloit encore dans les bras de l'innocence: il entroit enfin dans cet age heureux où les passions commencent à s'éveiller ; peut-être même le voile étoit-il déjà tiré, lorſque le pere d'Œnone, à qui ſon grand âge ne permettoit plus de ſuivre une éducation, qui devenoit de jour en jour plus délicate & plus intéreſſante, pria Pâris de jetter les yeux ſur quelqu'un de ſes Troyens, pour lui remettre un dépôt ſi précieux.

» Mes Troyens! cher Cébren, intérompit avec » vivacité le meilleur des peres, me préſervent les » Dieux de leur confier notre unique eſpérance? » parmi les noms fameux des enfans d'Ilion, a-t'on » jamais compté, Euſemus, Manethon, Hyppo- » menis, Locuplès, Amaſius, ou Frivolidès? ils » étoient mes amis ; mais qu'étois-je moi-même » alors? vous le ſavez peut-être, & j'en rougis » encore à vos yeux : lâches adulateurs de ma » conduite inſenſée ; comme moi, vils eſclaves des » caprices de la ſuperbe Hélene, vous voyez où » nous ont conduit leurs pernicieux conſeils : & je » leur abandonnerois mon fils! ces bas courtiſans, » élevés dans la molleſſe, ne connoiſſant que les » arts agréables, s'étoient dévoués à charmer les » ennuis de la Cour par des fêtes ; ils n'étoient » occupés que du ſoin de lui cacher ſes pertes ; » tandis que des Troyens, moins importans en » apparence, prodigues de leur vie, endurcis au

» pénible métier de la guerre, (oserois-je le dire » à ma honte ?) alloient sur les pas d'Hector, se » couvrir de poussiere & de gloire aux rives en- » sanglantées du Simoïs, hélas ! il m'en souvient » encore, nous pensions en avoir assez fait, lorsque » dans un cercle de femmes, nous avions vanté » le courage de ces braves défenseurs de la patrie, » & apprécié leur mérite ! s'étoit-il passé quelque » action éclatante, c'étoit la nouvelle du jour; » Hélene la contoit à Priam, il en parloit à son » petit lever; mais bientôt ces héros oubliés, » n'existoient plus que dans les listes obscures, qui » meubloient encore quelque tems les anticham- » bres des oisifs du Palais; digne prix de tant de » vertus.

Pâris, éclairé par Minerve, commençoit à se repentir de s'être embarqué avec de pareils amis, plus capables de corrompre les peuples de ces contrées, naturellement braves, doux & humains, que de les porter au bien par leurs exemples : il étoit donc très-important que le jeune Parisis ne fût point abandonné aux pernicieux conseils de ces hommes frivoles.

Ils s'empressoient un jour de demander à leur chef, la cause de la tristesse qu'ils remarquoient en lui.

» O, mes amis! leur dit-il, Troyes est ensevelie » sous la cendre; des milliers de héros sont descen» dus avec elle au tombeau; & vous me deman» dez ce qui m'afflige? nous avons survécu à la » gloire de cet empire, jadis si florissant; mais, le » méritions-nous? Connoissons du moins aujour» d'hui le prix du vrai mérite; & puissent ces dé» serts, où régnent encore la bonne & simple na» ture, trouver en nous des hommes! Que mon » fils surtout, que mon fils, dont le cœur est fait » pour la vertu, dont l'innocence a guidé les pre» miers pas, puisse (& je vous en conjure) ignorer » jusqu'aux noms mêmes de ces vices ennoblis; de » ces faux préjugés, si communs en Asie, & trop » longtems consacrés parmi nous.

Tous lui promirent de régler leur conduite sur la sienne; & lui jurerent, qu'instruits par le malheur, & devenus sages par l'expérience, ils ne feroient pas rougir un jour cette partie de l'univers, de les avoir reçus dans son sein.

Pâris, qui les connoissoit, & peu rassuré par leurs sermens, forma le sage projet de s'occuper lui même des suites d'une éducation, dont le vertueux Cébren avoit posé les premiers fondemens: après avoir cherché quelque tems à lire dans le cœur de son fils, voyant que les vertus y avoient jetté de profondes racines, que ses mœurs étoient pures, qu'il avoit des connoissances, du jugement, & qu'il pouvoit faire le bonheur d'une compagne aimable, en assurant le sien par les douceurs d'un heureux himénée ; il ne crut pas devoir priver plus longtems son élève, de ce qui pourroit contribuer à sa félicité, & du seul bien qui fût alors en son pouvoir de lui procurer.

Il ne tourna point les yeux vers les Cours de l'Asie, pour lui chercher une épouse digne de sa naissance : c'étoit de là qu'étoit sortie l'impérieuse & volage Hélene, pour le précipiter dans un abîme de malheurs; tandis que la modeste fille de Cébren, lui avoit fait trouver le bonheur sous les abris champêtres du mont Ida.

L'heureuse simplicité des habitans de ces contrées presque sauvages, lui fit souhaiter d'unir son fils à quelque Néreïde aimable : il en fit part à Cébren, qui lui parla des filles de Méris, dont les grâces naissantes augmentoient chaque jour : Pâris voulut les voir, & témoigner à leur aimable mere toute sa reconnoissance de la tendre amitié qu'elle avoit vouée à sa chere Œnone & à son fils.

On conduisit un jour le jeune Parisis dans le canton de ces Néreïdes ; après avoir marché quelque tems dans la forêt sous la conduite de Zaraïs,

Pâris apperçut un vaſte rocher, dont la cime ſuſpendue formant un abri ſolitaire, couvroit l'entrée d'une caverne profonde ; le ſilence y régnoit, on n'entendoit que le murmure d'un ruiſſeau qui couloit à quelques pas de-là ; ils s'avancent ſans bruit, & découvrent dans l'enfoncement des eſpèces de petits lits ſuſpendus par des treſſes de ſoye ; le ſoleil n'avoit pas encore percé ſes ſombres retraites, la fraicheur du matin y retenoit les filles de Méris ſur leurs nattes ; mais bientôt réveillées par le bruit, elles courrent tremblantes, ſe jetter dans les bras de leur mere.

Le fils d'Œnone n'avoit point oublié les ſoins généreux de la compagne de Zaraïs ; à la vue de Gallie & de Naïs, il n'avoit pû modérer ſes tranſports : il ſe plaignit à Cébren de ce qu'il les avoit négligées depuis ſi longtems ; trouva cette indifférence injuſte, contraire à l'humanité & à la bonté naturelle de ſon cœur ; puis occupé de diverſes penſées, il devint triſte & rêveur.

Pâris, à la vue du trouble de ſon fils, lui en demande la cauſe : » Je l'ignore, lui dit-il, je ne » ſçai quelle ſubite révolution ſe paſſe en moi ! » mon ſang bouillonne, mon cœur s'agite, la force » m'abandonne, & mes jambes fléchiſſent : mais » pourquoi les filles de Méris nous fuyent-elles ?

» C'est, lui dit son pere, que vous êtes trop vif, » & que les Néreïdes ont surtout la timidité en » partage; nées pour être nos compagnes, c'est à » nous à ménager leurs foiblesses, à les accoutumer » insensiblement aux charmes de la société, dont » elles finissent par être les plus doux liens; & cet » instinct secret, dont vous ressentez, mon fils, la » vive impression, c'est la voix de la nature, dont » vous entendrez bientôt le langage.

Parisis, dont toutes les idées se confondent, ne fait alors que penser: il alloit continuer ses questions, lorsque Gallie & Naïs reparurent à ses yeux avec leur mere & Zaraïs.

A la vue de ces jeunes beautés, Pâris pardonne à son fils le trouble de ses sens; frapé lui-même du vif éclat de tant de charmes, son âge ne garantit point son cœur de quelqu'émotion: Cébren alors assure Méris qu'ils ne viennent point troubler le bonheur de leur vie, mais l'augmenter s'il est possible. Pâris, ajoute avec bonté, qu'il est l'ami, l'époux de l'infortunée Œnone; qu'établi depuis peu dans leur voisinage, il vient réclamer l'ancienne amitié qu'elle avoit vouée à la fille de Cébren, & les prier de revenir à Vaucluse.

On n'eut pas de peine à déterminer Méris à retourner sous les tentes de son cher Zaraïs: ses filles plus timides, ne revirent point Parisis sans émotion ; couvertes d'une espèce de mante, les cheveux épars, & les yeux baissés, elles marchoient en silence, & d'un air qui marquoit tout leur embarras.

Arrivées à Vaucluse, revenues de leur première frayeur à la vue des hommages qu'on leur rendoit & des soins qu'on prenoit de leur plaire, elles commencerent à respirer, & à regarder leurs nouveaux hôtes d'un œil plus assuré.

Les Troyens accourus au bruit de cet événement, qui leur promettoit une société plus douce, un avenir plus agréable, s'empresserent autour des cabanes de Zaraïs. Déjà ils alloient, disoient-ils d'un ton léger, rendre ces femmes-là moins sauvages, lorsque Pâris les contint par un coup d'œil, dont ils comprirent tout le sens ; il mit de l'ordre dans leurs visites, en régla les momens & la durée, & sçût enfin, mais non sans peine, retenir cette jeunesse imprudente dans les bornes de la décence.

Ce séjour champêtre, devint dès-lors aux yeux du fils d'Œnone un autre univers ; le ciel lui sembla plus beau, la terre plus riante, la verdure plus fraiche ; les Dieux mêmes lui parurent plus grands, à la vue du plus parfait de leurs ouvrages.

Parisis ne connoissoit rien de comparable aux

charmes naiſſans des filles de Méris, à Gallie, à Naïs, il ne pouvoit s'en ſéparer; ſon cœur flottoit incertain entre l'une & l'autre de ces jeunes beautées. Gallie, à une taille élégante & majeſtueuſe, joignoit une douceur de caractère, une flexibilité dans la voix, une expreſſion dans le regard, dont on ne pouvoit ſe défendre de reſſentir une ſécrette émotion; tandis que Naïs, par une aimable vivacité, fixoit ſur ſes traces les jeux & les plaiſirs. Ces Néreïdes, toûjours prévenues dans leurs moindres déſirs, s'accoutumerent inſenſiblement à une vie plus commode, & ne tarderent point à connoître les agrémens d'une ſociété, formée de la réunion des deux ſexes.

Les vers à ſoye avoient fait leur principale occupation dans la forêt; on alla chercher leurs quenouilles, leurs fuſeaux, & les eſpèces de métiers dont elles ſe ſervoient pour treſſer leurs nattes, ainſi que les coques ſuſpendues aux muriers dans les bois; & ce qui avoit été un travail pénible, ne devint plus qu'un amuſement pour elles.

Méris étoit douce, d'un caractère aimable, d'un eſprit au-deſſus de ſon ſexe, quoiqu'uniquement inſpirée par la ſimple nature; elle regardoit le jeune Pariſis qu'elle avoit élevé, comme ſon fils. Pâris, pénétré de reconnoiſſance, en étoit ſouvent attendri, & elle captiva ſa confiance. C'étoit à cette Néreïde, à cette tendre mere, qu'il communiquoit d'abord ſes idées, pour les faire mieux goûter à ſes filles; environné d'hommes frivoles, & ſur leſquels il pouvoit ſi peu compter, il avoit beſoin d'une amie ſolide, au ſein de laquelle il pût épancher ſon cœur; dans les belles ames, l'amour & l'amitié ont leurs droits ſéparés; ſi le premier gouverne avec empire nos beaux ans, la ſeconde, qui nous conſole de leur perte, nous apprend qu'il eſt des plaiſirs pour tous les âges. Unit-elle deux cœurs de différens ſexes, c'eſt un charme de plus; elle ajoûte à cette union, une teinte de délicateſſe qui en augmente la douceur: le ſein de l'amitié eſt le temple ſacré, où le bonheur vient enfin ſe montrer à nous, après le tems orageux des paſſions.

L'arrivée de ces Néreïdes, apporta un tel changement à Vaucluſe, qu'en peu de tems cette habitation devint un ſéjour enchanté; habité par les grâces, pouvoit-il ne pas être l'aſile de l'amour & des plaiſirs?

Le cœur du fils d'Œnone s'étoit enfin entierement décidé; jouiſſant pour la première fois du bonheur d'aimer, il ſembloit n'exiſter que de ce moment: le trouble de ſon ame annonçoit la vivacité de ſa paſſion, & ſes yeux s'enflâmoient au vif éclat de ceux de Gallie : leurs entretiens étoient pourtant en apparence peu intéressans; ils se parloient à peine; leurs regards sembloient s'éviter; & Parisis paroissoit moins embarassé & plus gai avec Naïs. Amasius, qui lui rendoit des soins, lui avoit appris à mettre des fleurs dans ses cheveux; à serrer sa ceinture, pour donner plus d'élégance à sa taille; & à consulter tous les matins le cristal de la fontaine, où ses charmes réfléchis, paroissoient avec tous leurs avantages; tandis que sa sœur, triste, rêveuse, & cherchant la solitude, s'abandonnoit à la douce mélancolie dont s'enivroit son ame.

Parisis, de son côté, devint bientôt plus empressé de plaire, & moins négligé dans sa parure; une simple fleur, cueillie de la main de Gallie, étoit un gage précieux qu'il portoit tout le jour; la chasse n'étoit plus un amusement pour lui; ses yeux suivoient le mouvement de ceux de sa jeune amante. L'enflâmoit-elle d'un regard, elle savoit d'un autre, modérer ses transports; gardoit-elle le silence, il se taisoit & l'admiroit. Chaque mot qu'elle prononçoit, c'étoient pour lui autant d'oracles; & les ouvrages de ses doigts, autant de chefs-d'œuvres. Tout le jour à ses pieds, il ne paroissoit animé que de l'ame de son amante; il tressoit les soyes qu'elle avoit préparées, nattoit ſes beaux cheveux, & les entrelaſſoit de fleurs; il s'enhardit enfin, juſqu'à oſer dire qu'il aimoit; mais on feignit de ne pas entendre; & la ſenſible Gallie ſe ſauva plus d'une fois dans les bras de ſa tendre mere, pour ſe garantir de l'aveu trop prononcé d'une tendreſſe, dont la folâtre Naïs ſe faiſoit un amuſement.

Au milieu de ces amuſemens champêtres, Pariſis ne ſoupiroit qu'après les nœuds dont l'himen flatoit ſon cœur. Cette alliance faiſoit auſſi tout l'objet des vœux de Pâris; il ne ſe paſſoit point de jour qu'il n'entretînt Méris & Zaraïs, du deſſein qu'il avoit formé pour le bonheur de l'aînée de leurs filles; ils voyoient avec une égale ſatisfaction, croître la tendreſſe de ces jeunes amans, qui déjà ne pouvoient plus vivre l'un ſans l'autre: la ſenſible Gallie conſentit enfin à s'unir à jamais à l'époux, dont ſon cœur avoit heureuſement fait choix. Le moment de Naïs n'étoit pas encore arrivé; tout l'amuſoit également ſans l'intéreſſer; il ne fut plus queſtion que des préparatifs de l'himen de ſa ſœur, qui furent auſſi ſimples que les cœurs qu'on alloit unir.

Dans le fond d'un bois ſolitaire, étoit une petite plaine environnée d'arbres touffus, d'une hauteur extraordinaire; leurs cimes en ſe réuniſſant, formoient sous cet abri, une espèce de temple champêtre; des banquettes de gason régnoient autour, & quatre routes obliques également couvertes, aboutissoient au centre. C'étoit-là que Cébren avoit placé ses Dieux pénates, sur un autel rustique, formé d'une pierre brute. Ce fut cet endroit sacré, que Pâris choisit pour célébrer la pompe nuptiale de son fils.

Au lever de l'aurore, toute la peupable, en habit de fête, & portant à la main des rameaux de mirthe, se rendit à la forêt. La fille de Méris, la divine Gallie, couverte de fleurs, les cheveux épars, vêtue d'une longue robe de soye tissue de ses mains, & ceinte d'un simple ruban attaché par les grâces, les yeux baissés, la pudeur sur le front, marchoit en silence entre sa mere & la jeune Naïs. Parisis, conduit par son pere, & dans l'ivresse du moment qui touche au bonheur, les suivoit avec les transports de la plus vive impatience: venoient ensuite Zaraïs, Amasius, Manethon, Frivolidès, & les autres Troyens qui, en s'entretenant de cette cérémonie, selon que chacun d'eux en étoit affecté, n'épargnoient dans leur propos, ni Gallie, ni le fils de leur chef. Mais Pâris, qui s'en apperçut, d'un seul regard, leur imposa silence.

Les époux rendus aux pieds de l'autel, Cébren les environna trois fois d'une chaîne de fleurs; Minerve fut prise à témoin de leurs sermens, & l'himen alluma son flambeau à celui de l'amour.

Pâris regrettoit intérieurement que la tendre Œnone ne fût pas témoin du bonheur de son fils; mais le tems marqué pour leur réunion n'étoit pas encore arrivé.

Depuis cet heureux jour, Parisis & sa jeune épouse enflâmés de l'amour le plus tendre, ne se quitterent plus.

Un soir que dans l'ivresse de leur bonheur, assis sur le haut du rocher dont Vaucluse baigne le pied, ils contemploient le soleil prêt de se coucher au milieu de mille nuages qu'il peignoit de différentes couleurs, & qu'ils réfléchissoient sur ce prodige, la nuit qui survint, couvrit l'horison de ses ombres; mais bientôt le Ciel brilla d'un million d'étoiles, au milieu desquelles la lune, fière d'un si beau cortège, sembloit marcher avec complaisance; à ce double spectacle, leurs cœurs touchés de ces prodiges, s'ouvrirent à la reconnoissance envers l'être suprême, auteur de tant de merveilles, & ils se prosternèrent pour l'adorer.

Le tems de la moisson arrivé, Parisis selon son usage, couvrit l'autel de Cérès des prémices de ses dons ; tandis que le vertueux Cébren, ſécondé de Zaraïs, lui offroit en ſacrifice l'élite de leurs troupeaux. Ces devoirs remplis envers la Déeſſe, on ſe remit à l'ouvrage, avec cette douce ſatisfaction qui naît d'un cœur ſatisfait de lui-même.

Les Troyens, forcés de ſuivre l'exemple de Pariſis, mais peu accoutumés à ce genre d'exercice, s'y prêtèrent plutôt qu'ils ne s'y livrèrent. Méris, Gallie & Naïs, qui s'en faiſoient un jeu, les plaiſantèrent plus d'une fois ſur leur peu d'adreſſe.

Frivolidès, en contemplant ces beaux lieux, ne pouvoit, diſoit-il, concevoir le mauvais goût de Cébren, d'avoir mis des moiſſons autour de ſes cabanes ; tandis que la poſition en étoit admirable pour des jardins, que des eaux de toute eſpèce pouvoient embélir, il expliquoit ſes projets à Amaſius, & déjà ils marquoient ênſemble le terrein d'un parterre, pour placer des fleurs qu'ils projettoient de faire venir de l'Aſie, lorſqu'ils prirent Pâris pour juge, & voulurent d'abord le faire convenir du peu de bon ſens de Cébren, d'avoir ainſi perdu un terrein précieux ; tandis qu'employant, diſoient-ils, les vils bras des Sauvages de ces contrées, il auroit pû en faire des chefs-d'œuvres, dignes d'embélir les palais des Rois. Ils alloient même quitter les travaux, pour rédiger

rédiger le plan dont ils étoient enchantés, lorsque Pâris, qu'ils espéroient trouver de leur avis, les regarda d'un œil sévère, & leur tint ce discours.

» Quoi! la frivolité ne cessera donc jamais d'être » votre partage? loin de blâmer l'auteur des jours » de ma chere Œnone, applaudissez plutôt à ses » nobles travaux. Ces moissons que vous méprisez, » vont servir à votre subsistance; tandis que ces » inutiles chefs-d'œuvres que vous méditez, se» roient le prix des sueurs de vos semblables, sans » augmenter votre félicité. Ouvrez les yeux, jeunes » imprudens; voyez de toutes parts les merveilles » qui vous environnent. Que pourriez-vous ajou» ter à ces beautés, que l'art ne pourroit qu'imiter » foiblement? Qu'imaginez-vous de plus majes» tueux, de plus étonnant, de plus hardi que cet » immense rocher coupé à pic; que cette grotte, » taillée dans ses vastes flancs des mains de la » nature; que ces eaux jaillissantes, qui en sortent » en frémissant; que ces roches répandues sur leur » passage, & qui blanchies d'écume, en augmen» tent le bruit? Creuserez-vous des réservoirs plus » étendus que ces voutes souterraines, qui four» nissent sans cesse les eaux qui fertilisent ces » plaines? les emprisonnerez-vous dans des ca» naux plus artistement faits, pour en sortir ensuite

» avec plus de majesté ? Que tous ces petits jeux » de l'art, que vous érigez en merveilles, seroient » encore au-dessous de ces cascades naturelles, qui » font le charme de cette solitude ! Quoi ! vous » porteriez un ciseau perfide sur ces rideaux de » verdure, dont la riche variété tapisse ces côteaux » délicieux, où l'œil se fixe & se repose si agréable- » ment ? A ces chênes majestueux, dont la cime » perce la nuë, dont l'ombre salutaire nous ga- » rantit des ardeurs du soleil ; vous feriez succéder » de débiles arbrisseaux sans consistance, qui par « leur insipide uniformité, détruiroient le charme » incomparable de ces beaux lieux. Vous cou- » vririez à grands frais de sables arides, ces riches » moissons, qui nourissent les bras nerveux qui les » cultivent ; vous en chargeriez ces tapis de ver- » dure qui engraissent leurs troupeaux, & que » foulent mollement les pieds délicats de leurs » Néréïdes. Hommes frivoles ! & qui ne cesserez » jamais de l'être, que vous avez une idée bien » imparfaite de la beauté, si vous pensez ajou- » ter par votre chétive industrie, aux charmes » dont la nature frappe ici tous les yeux. Recon- » noissez la supériorité des vues de Cébren sur les » vôtres ; mais il est trop grand pour que vous » puissiez atteindre jusqu'à lui : rougissez donc

» d'une critique qui ne deshonore que vous. Ne » perdez point en vains raisonnemens, en critiques » insensées, un tems précieux, dont la valeur ne » vous est pas connue.

Confondus & honteux des préjugés auxquels la légéreté de leur esprit les ramenoit toujours, les Troyens rejoignirent Gallie & Parisis, qui les accueillant avec douceur, les associerent à leur travail; mais ces efféminés, bientôt las d'un genre de vie si peu conforme à leur goût, ne tarderent pas à se livrer à de nouveaux excès; non contens d'aller chercher des Néreïdes dans la forêt, il y en eut qui pousserent l'audace jusqu'à les enlever de force.

Les paisibles habitans de ces contrées indignés de tant de violence, rassemblés sous des chefs qu'ils se choisirent entr'eux, projetterent enfin de s'en venger avec éclat; mais accoutumés à respecter le vertueux Cébren, ils convinrent de lui porter d'abord leurs plaintes, & de le prier de les venger lui-même des audacieux étrangers qu'il avoit accueillis.

Un jour que les Sauvages marchoient ensemble vers Vaucluse, ils surprirent Méris, Gallie & Naïs qui détachoient les coques de soye suspendues aux muriers; ils se mettoient en devoir de les amener avec eux, lorsque Parisis, qui s'éloignoit peu de sa chere Gallie, accourut aux cris de ces infortunées. Il n'avoit point encore vû de Sauvages rassemblés en si grand nombre. S'adressant à ceux d'entr'eux qui lui parurent avoir quelqu'empire sur les autres, il leur dit, avec ce courage & cette noble fierté que donne l'innocence :

» O! mes amis, daignez m'écouter! Je suis ainsi » que vous, habitant de ces contrées; comme » vous, elles m'ont vû naître; j'y vivois en paix, » avec un pere que vous aimez; l'himen vient d'y » couronner mes vœux; les Dieux, protecteurs » de l'innocence, ont été les garands des sermens » de mon épouse & des miens; notre bonheur est » la preuve de leur protection. Si vous les crai- » gnez ces Dieux, craignez de rompre des nœuds » qu'ils ont formés; cette jeune Néréïde, qui fond » en larmes, qui me tend les bras, & qu'à sa pro- » fonde douleur vous distinguez sans doute, est » mon épouse, elle est à moi.

Elle est à toi! repartit un jeune Sauvage, qui la fixoit dans cette attitude intéressante; si ces montagnes t'ont vû naître, comment ignore-tu que les filles de Nérée, souveraines de nos forêts, n'y peuvent être qu'à elles-mêmes? Interroge le sage Cébren, que nous chérissons tous; il connoît nos usages: qu'il décide entre nous.

A ces mots, & à un ſignal que fit ce jeune Sauvage, une partie de ſes compagnons ſe rangea autour des Néreïdes, l'autre environna Pariſis, & ils les conduiſirent à Vaucluſe.

Cébren, déjà inſtruit par Taras de ce qui venoit de ſe paſſer, vole au-devant d'eux; il paroît à peine, qu'on s'empreſſe autour de lui, qu'on le prend pour juge, & qu'on croit voir en lui le Dieu de ces contrées; tel eſt l'empire de la vertu; ſon deſtin eſt d'en impoſer aux peuples mêmes les plus barbares, & de régner par-tout où il exiſte des hommes.

Pâris, qui avoit ſuivi Cébren, étonné de la vénération de ce peuple pour le pere d'Œnone, n'en conçut que d'autant plus d'eſtime pour ce vénérable vieillard; & chacun attendoit en ſilence le jugement qu'il alloit porter, lorſqu'il leur tint ce diſcours.

» Mes enfans, (car mon âge & ma tendreſſe m'au-
» toriſent à vous donner à tous un nom ſi doux)
» ces étrangers ignorent vos uſages; s'ils ont enlevé
» de force les Néreïdes qui s'étoient réfugiées
» contre leurs violences juſques dans vos cabanes,
» il eſt juſte qu'on leur rende la liberté : mais cette
» même liberté, dont elles jouiſſent dans vos fo-
» rêts, doit leur laiſſer le choix d'y retourner ou

» de rester parmi nous, & vous-même y pouvez
» demeurer avec elles, si leur choix les y retient, &
» que notre habitation vous plaise; nous y vivrons
» en freres, sous les loix sacrées de l'amitié & de
» l'égalité; les Dieux seuls y seront nos maîtres, &
» leur bonté notre modèle.

Aux applaudissemens que reçût le jugement de Cébren, il ordonna que toutes les Néreïdes, rendues à elles-mêmes, fussent libres. Gallie, Naïs, & Méris, tomberent aux pieds du vieillard, & le conjurerent de les garder à Vaucluse. Parisis, au comble de ses vœux, leur en marqua toute sa reconoissance; les Néreïdes nouvellement enlevées suivirent l'exemple des autres; la seule Télide fut rejoindre celui qu'elle avoit vû tenter de l'arracher à ses ravisseurs, au péril de sa vie. Mais ce jeune Sauvage, après l'avoir embrassée, la ramena aussitôt à Cébren, en le priant de les recevoir tous les deux dans son habitation.

Ce jeune homme, qui avoit reconnu Frivolidès, de la main duquel il avoit été blessé, lui proposa de lutter avec lui corps à corps. Mais le Troyen s'en défendit, sur ce qu'ayant l'honneur d'appartenir à tout ce qu'il y avoit eû de plus considérable à Troyes, il ne pouvoit accepter un combat contre un inconnu, qui n'étoit pas même Chevalier de la Tresse des Cheveux d'Hélene.

» Avez-vous donc oublié, lui dit Pâris, que je » fus ſimple berger ſur le mont Ida ; tel enfin que » ce brave ennemi qui vous appelle? que le jour » que je me préſentai au ſuperbe tournois qui ſe » donnoit à la cour de mon pere, tout inconnu que » j'étois, j'oſai défier Hector lui-même, & que ce » héros ne dédaigna point d'entrer en lice avec un » étranger ſans nom?

Frivolidès baiſſe les yeux; mais le jeune Sauvage l'attaque ſi précipitamment, qu'il le force de ſe défendre. On les environne, on fait cercle autour d'eux; la partie étoit trop inégale pour durer longtems; le Troyen renverſé, mord la pouſſière, en demandant grace; humilié, confus, il ſe relève d'une main, en ſe couvrant le viſage de l'autre, & chacun applaudit au vainqueur.

Par cet heureux événement, la fille de Méris fut rendue à ſon époux; & Pariſis au comble de ſes vœux, n'en fut que plus tendrement attaché à ſa chere Gallie.

L'arrivée de ces nouveaux hôtes à Vaucluſe, y cauſa un changement conſidérable; quelques Troyens emportés par le feu de l'âge, & par l'exemple du fils de leur chef, voulurent bien condeſcendre à ce qu'ils appelloient des méſalliances. Amaſius épouſa Naïs; mais cette folâtre Néréïde, forma cet engagement avec une légereté, qui fit aſſez connoître qu'elle en ignoroit l'importance.

Ces mariages accomplis furent la ſource de nouvelles chimères ambitieuſes de la part des Troyens.

Pour avoir, diſoient-ils, un état, un certain rang, & n'être pas confondus avec les Sauvages, ils propoſerent à Pâris de compoſer la maiſon de ſon fils; après un travail très-ſérieux qu'ils firent ſur ce ſujet, ils lui préſenterent une liſte, dans laquelle eux & leurs femmes, ſous des noms faſtueux, rempliſſoient les premières charges de cette nouvelle cour. Ils avoient même porté leurs ſublimes attentions, juſqu'à en régler l'étiquette, ainſi que les prérogatives & les honoraires.

Pâris, à la vue de ce tableau, préſenté dans un tems & dans des lieux, où l'on avoit à peine à la ſueur de ſon front les premiers beſoins de la vie, en reſſentit plus de pitié que de colère; il applaudit d'un ton ironique, à leurs vaſtes connoiſſances dans l'art profond des bagatelles, & s'adreſſant à Frivolidès : » Voilà donc, lui dit-il, le grand maître » de la maiſon du petit-fils de Priam ? & la femme » d'Amaſius, dame du palais de Gallie ? Grands » Dieux, quelle maiſon ! quel palais ! & vous,

» brave Manéthon, pourſuivit-il, vous qui vous » faites Capitaine de ſa Garde, ſavez-vous que ſon » chien juſqu'ici la compoſa toute entière? je ne » connois encore de ſujets à mon fils, que ceux que » gouverne ſa houlette; ſur quoi donc ſe fonde » aujourd'hui votre orgueil? Euſémus, vous qui » voulez être ſon Chancelier, parlez; acquittez-» vous de cet auguſte miniſtère.

Les Troyens, auſſi confus qu'interdits, garderent le ſilence. Ils ne concevoient pas comment Pâris, qu'ils avoient vû en Aſie auſſi occupé qu'eux de toutes ces frivolités, pouvoit être devenu en Europe ſi différent de lui même.

Pendant le ſéjour qu'il fit à Vaucluſe, il fut viſité par les principaux des chefs des Marſilliens, des Arélates & des Rhodiens, dont il recut des préſens de toute eſpèce. Mais le plus agréable à ſes yeux, fut celui de douze Troyens que Marſillis lui préſenta. Ils avoient été ſéparés de la flotte d'Énée, & les vents après les avoir promenés ſur ces mers, les avoient enfin portés chez les Marſilliens.

C'étoient de ſimples guerriers, qui avoient combattus ſous Hector. Charmés de retrouver un prince du ſang de leurs Rois, ils s'attacherent à ſa deſtinée.

Frivolidès, après les avoir parcourus d'un regard dédaigneux, voyant que ce n'étoient que des ſoldats, trouva le préſent modeſte.

Le prince Troyen, qui en connut mieux la valeur, pénétré de reconnoiſſance envers Marſillis & Arlétès, leur fit part du projet qu'il avoit formé de parcourir ces vaſtes contrées, ſur leſquelles ſa poſtérité devoit régner un jour; il leur montra même le bouclier fameux, ſur lequel Minerve avoit gravé de ſa divine main, les limites de cet empire. C'étoit le fil qui devoit le guider dans ce dédale immenſe. A la vue de ce prodige, ces illuſtres étrangers jurerent de ſeconder les deſſeins de la Déeſſe, & promirent à Pâris de l'aider de tout leur pouvoir, ſe regardant déjà, diſoient-ils, comme membres de ce nouvel empire. Prêts à quitter Vaucluſe, il leur recommanda ſon fils, Cébren, & toute leur habitation, qu'ils ſe chargerent de protéger, de défendre, & de pourvoir de ce qui pourroit lui manquer. Comme il bruloit d'impatience de rejoindre ſa chere Œnone; à peine Marſillis & Arlétès eurent quitté Vaucluſe, qu'il s'occupa ſérieuſement des préparatifs de ſon départ.

Ce fut dans un conſeil, tenu entre Méris, Cébren & Pâris, qu'il fut arrêté que Pariſis reſteroit à Vaucluſe avec ſa jeune épouſe; il eût été cruel de les ſéparer dans l'ivreſſe de leur première ardeur. Euſémus, Manéthon, Amaſius, furent déſignés pour demeurer avec eux; tandis que Frivolidès, Hyppoménis & Locuplès ſuivroient Pâris; qui partit enfin, ſous prétexte d'un ſimple voyage à Marſillis.

LIVRE TROISIÉME.

PARISIS n'apprit pas plutôt le motif du départ de son pere, qu'il fut au désespoir de n'avoir pas été du nombre de ceux dont il avoit fait choix pour l'accompagner ; dans les premiers transports de sa douleur, il vouloit suivre l'auteur de ses jours ; Cébren & Méris lui représenterent les dangers auxquels il s'exposeroit infailliblement, dans des déserts qui pouvoient être habités par des Sauvages inhumains ; Eusémus & Manéthon las de courir le monde, & foiblement persuadés de l'excellence des voyages, en parlant de ceux qu'ils avoient faits, le flatterent de l'espérance de revoir bientôt le plus tendre des peres ; Naïs qui se trouvoit fort bien à Vaucluse, & qui n'imaginoit rien au-dessus de ce qu'elle y voyoit, se joignit à eux ; quant à la tendre Gallie, ses yeux baignés de larmes, étoient les seuls intrepretes de son cœur, & Parisis pouvoit-il y résister ? Il céda donc, & promit de suspendre son voyage ; Amasius imagina des fêtes pour charmer les ennuis de son ami ; on célébra pour la première fois par des jeux, le jour de sa naissance ; mais plus d'un an s'étant écoulé sans qu'on entendit parler de Pâris, rien ne put retenir son fils.

Ce jeune Prince, plein du noble projet dont son pere l'avoit entretenu plusieurs fois de civiliser ces peuples barbares, se persuada qu'il étoit allé sans lui s'ouvrir cette glorieuse & pénible carrière; il en versa des larmes : » S'imagine-t'il donc, di- » soit-il à Cébren, qu'élevé dans ces déserts, je ne » sois capable que d'y conduire des troupeaux, » & que je manque de courage? hé bien! faisons » voir que j'étois digne de marcher sur ses traces; » osons tenter sans lui, l'entreprise à laquelle il n'a » pas daigné m'associer.

Rempli de ce projet, sûr que Gallie ne l'abandonneroit pas, il se rendit chez les Arélates & chez les Marsilliens; il parla à leurs Chefs avec tant de force, de courage, qu'il les persuada, & en obtint des secours considérahles d'hommes, d'ouvriers, d'instrumens, de chevaux; une brillante jeunesse applaudissant à cet entreprise, & jalouse d'en partager la gloire, offrit de l'accompagner. Tolonius, l'ami de Marsillis, élevé dans ses principes, & Bocaris, frere d'Arlétès, promirent de lui mener chacun cent hommes choisis & bien armés. Parisis au comble de ses vœux, & conduisant avec lui un nombre d'ouvriers considérable, retourna à Vaucluse, plein de la douce espérance d'être bientôt en état d'exécuter son projet.

Cébren instruit de la promesse des Marsilliens & des Arélates, dont il voyoit déjà des effets, sentit qu'il ne lui étoit plus possible de retenir ce jeune héros ; pour gagner du tems, il consentit d'être du voyage, si l'on vouloit remonter le Rhodanium ; dans l'espérance que les obstacles qui lui paroissoient insurmontables, feroient échouer cette entreprise, il ajouta que l'objet de Pâris, dont il étoit instruit, étant de faire le tour de ces contrées par le midi & le couchant, ce n'étoit qu'en prenant la route opposée qu'on pouvoit espérer de le rejoindre dans sa course. Ainsi, d'après le plan que Minerve en avoit tracé elle-même, & que Parisis avoit copié plus d'une fois de sa main, il fut forcé de convenir que le Rhodanium étoit naturellement le chemin qu'il falloit tenir.

Comme il s'agissoit de remonter ce fleuve pour la première fois, & qu'on ne pouvoit espérer de vaincre sa rapidité qu'à force d'art, il falloit de petits bâtimens légers qui prissent peu d'eau, & qui fussent cependant en état de résister au courant.

Une antique forêt, consacrée aux Dieux du pays, s'élevoit peu loin des rives du fleuve; nul mortel n'avoit encore osé y porter une main profâne ; il fut arrété qu'on y prendroit les bois dont on auroit beſoin; Euſémus, allarmé de la témérité de cette entrepriſe, propoſe de calmer ces Dieux par des ſacrifices, qu'il ordonne lui-même; enfin, l'air retentit des coups redoublés de la cognée; d'énormes chênes tombent, & de leurs cimes orgueilleuſes écraſent avec fracas les arbres du voiſinage; Pariſis, le premier à l'ouvrage, la hache à la main, preſſe les travaux, & encourage les ouvriers par ſon exemple; on s'occupe ſous les ordres de Cinès, ſoldat Troyen, à ramaſſer des vivres, à faire des harnois pour les chevaux, à préparer des armes; ici, l'on aſſemble des voiles; là, on file des cordages; Amaſius, chargé de veiller à l'équipage des femmes, à tout ce qui peut leur être néceſſaire, dans un voyage pénible, & dont on ignore le terme, s'acquitte avec zèle de ſon emploi; enfin, tout fut prêt à l'arrivée du printems.

Tolonius & Bocaris arrivés avec les ſecours promis, on ne ſongea plus qu'à partir. Pariſis fut déclaré chef de l'entrepriſe, juſqu'au moment de ſa réunion à ſon pere, & ceux qui le ſuivirent prirent le nom de Pariſéens.

Cébren n'ayant plus rien à oppoſer à l'impatience du fils d'Œnone, fut forcé de le ſuivre malgré ſon grand âge; Taras, avec quelques Sauvages de confiance, demeurerent au lieu de l'embarquement, pour inſtruire Pâris, en cas qu'il revînt, de la route que ſon fils tenoit ; & ce lieu où Taras bâtît ſes premières cabanes, devint par la ſuite des tems, une habitation célèbre. (1)

Pariſis ſe propoſoit de ſuivre à cheval les rives du fleuve avec quelques amis ; mais Cébren & Gallie, qui n'auroient pû l'accompagner, lui repréſenterent, pour ne le pas perdre de vûe, la difficulté de franchir des montagnes & des bois ſans routes, à travers des précipices, ſur des chevaux à peine domptés. Il conſentit donc à reſter ſur la flote, & l'on convint que la Cavalerie, ſous la conduite de Tolonius, cotoyeroit le rivage, afin de ſe prêter de mutuels ſecours, tant pour les vivres, que pour le paſſage des rivieres & des torrens, qui pourroient s'oppoſer à leur marche.

Jamais le Rhodanium n'avoit rien vû de ſemblable ſur ſes bords. Le jeune époux de Gallie & Bocaris, avec lequel il s'étoit lié de l'amitié la plus étroite, en admirerent la largeur & le cours rapide ; mais ils furent bientôt effrayés des obſtacles de toute eſpèce, qui embaraſſoient la navigation ; ici, c'étoient des chênes énormes abattus par les vents, ou minés par les eaux, renverſés à travers le cou-

(1) Aujourd'hui Taraſcon.

rant ;

rant; là, d'immenſes rochers détachés des montagnes, & reſſerrant le cours du fleuve, en augmentoient la rapidité; plus loin, les arbres des iſles formées de ces débris accumulés par les années, entrelaçant confuſément leurs rameaux avec ceux des rivages oppoſés, formoient des routes obſcures & embaraſſées, ſous leſquelles la petite flote ne paſſoit qu'avec des efforts & des travaux infinis; à chaque pas c'étoient de nouvelles barrières, qui ſembloient poſées par la nature pour défendre l'accès de ces belles contrées.

La Cavalerie ſuivoit la flote, & paroiſſoit tantôt le long des côteaux fleuris, tantôt ſur la cime des rochers qui bordent ce fleuve.

Les Sauvages des rives voiſines graviſſoient ſur le ſommet des plus hautes montagnes, pour jouir d'un ſpectacle ſi nouveau; les échos de ces déſerts multiplioient les cris de cette troupe de voyageurs, qui de leur côté, ſe plaiſoient à leur faire répéter leurs chants, leurs concerts, ainſi que les noms de Pariſis & de Gallie.

Après une navigation longue & laborieuſe ſur ce fleuve indompté, ils découvrirent à l'entrée d'un côteau agréable, reſſerré entre deux montagnes, un phénomène qui les frappa d'étonnement & d'admiration; c'étoit un lion d'une grandeur déméſurée, taillé dans un rocher à pic, dont la cime orgueilleuſe ſembloit toucher le Ciel, des feux étincellans ſortoient des yeux enflâmés de ce monſtre ; ſa vaſte crinière paroiſſoit une forêt immenſe ; & de ſa large gueule couloit un fleuve majeſtueux.

Les Pariſéens, effrayés à la vue de cet énorme coloſſe, s'apperçurent bientôt qu'ils étoient dans des lieux enchantés, habités par quelque puiſſance ſurnaturelle, dont ce chef-d'œuvre de l'art étoit ſans doute l'ouvrage.

C'étoit en effet le ſéjour chéri de l'Enchanteur Lugdus; nos Voyageurs inquiets, délibéroient ſur le parti qu'ils avoient à prendre, lorſque ce Génie s'offrit à eux ſur la ſurface des eaux, dans tout l'appareil de ſa puiſſance, les accueillit avec bonté, & leur ſervit de guide pour entrer dans la tranquile Arare (1) qui ſe réuniſſoit en cet endroit à l'impétueux Rhodanium, comme en traverſant la gueule du lion, ſous les vaſtes cavités du rocher ſuſpendu en arc ſur leurs têtes; les Pariſéens admiroient cette étonnante merveille.

» Avant que j'euſſe exécuté ce projet, leur dit
» Lugdus, l'Arare, retenue par ce rocher immenſe

(1) Aujourd'hui la Saone.

» qui lui faiſoit obſtacle, élevoit ſes eaux juſqu'à
» la hauteur de ce roc ſourcilleux, d'où elles ſe
» précipitoient dans le fond de ce vallon avec un
» bruit terrible; ayant ſondé la profondeur de
» l'eſpèce de lac que formoit ce fleuve en cet
» endroit, & reconnu que ſon lit ſe trouvoit de
» niveau à celui du Rhodanium, j'entrepris de
» réunir leurs eaux à travers le rocher; ce que
» j'exécutai, en le perçant de façon qu'il répré-
» ſente le lion que vous voyez.

Pour contempler ce prodige, l'Arare étonnée, ſembloit s'arrêter avec complaiſance ſous ces voutes ſouterraines; à cette ſurprenante merveille, en ſuccéderent bientôt de nouvelles; d'induſtrieux mortels répandus ſur ces bords fortunés, filoient l'or, la ſoye, & par une mécanique admirable, en formoient des tiſſus précieux qui repréſentoient des fruits, des fleurs, & les plus riches productions de la nature; Pariſis, dans l'enchantement, voulut tout examiner, tout détailler; ſuivi des ſiens, & conduit par Lugdus, il parcourut divers atteliers, remplis d'une multitude infinie d'ouvriers; les uns étoient occupés au tirage, au moulinage des ſoyes; les autres, à compoſer des deſſeins de toute eſpèce; ici, on montoit des métiers, on ourdiſſoit les chaînes, on diſpoſoit les trames, les liſſes, les marches ; là, ces différens métiers en mouvement formoient une forêt de fils enchantés ; Parisis en admire le mécanisme ; mais étonné de n'y rien comprendre, & de ne pouvoir même lire le dessein caché dans la magie des fils qui le composent, il le cherche sous la main de l'ouvrier, qui l'exécute avec la plus grande précision, en promenant une simple navette qu'un enfant conduiroit.

Les Pariséens, dans l'admiration de tout ce qu'ils voyoient, se regardoient avec cet étonnement qui naît à la vue des prodiges. Tolonius & Bocaris proposent à ce peuple industrieux, de lier par le Rhodanium, devenu navigable, un commerce avec les Marsilliens & les Arélates, qui lui apporteroient de leur côté en échange des matières premières, & mille choses nécessaires aux commodités & au bonheur de la vie; ce qu'il accepta.

Mais Parisis qui ne cherchoit qu'à s'instruire, pria le Génie de lui apprendre comment l'idée lui étoit venue de former ces entreprises, & quel en avoit été l'objet.

» La mémoire m'en est trop chere, répondit » Lugdus en soupirant, pour ne pas aimer encore » à me la rappeller en vous le retraçant; le Génie s'assied à ces mots, chacun prit place autour de lui, & il commenca ainsi.

» Je ne connus jamais ceux qui me donnerent » le jour; si c'est un malheur, c'est le seul que » j'aye éprouvé; aux bontés de Mercure, & à mon » goût pour les arts qu'il protége, je le crois mon » pere; pour ma mere, je l'ignore entièrement; » une jeune lionne me nourrit de son lait dans les » vastes déserts de la brulante Afrique; j'y com- » mandois à ses monstres, dociles à ma voix; » étonné de ma puissance, un jour je désirai de » passer dans des climats plus tempérés, & aussitôt » je me trouvai sur le bord de ce fleuve enchanté; » de tous les animaux soumis à mon empire, la » lionne qui m'avoit allaité, fut la seule qui me » suivit; elle mourut enfin de vieillesse, en cet » endroit même il y a quelques siècles, & c'est à sa » mémoire que j'ai élevé ce vaste monument; cet » immense rocher que j'ai taillé, la représente sans » cesse à mes yeux, & les peuples de ces cantons » que j'ai comblés de bienfaits pour marque de » leur reconnoissance, ont pris de son nom celui » de Liontins; tel est l'origine de ce colosse qui » vous étonne; quant à ces mortels industrieux, » c'est moi, ou plutôt l'amour qui fut leur maître.

» Il y avoit mille ans & plus que j'habitois ces » heureux climats, lorsque Vénus suivie de sa bril- » lante Cour, lasse sans doute de l'éternel Olimpe,

» & descendue sur la terre, pour varier ses plaisirs, » s'avisa de visiter les différens temples élevés à » sa gloire ; dans sa course vagabonde, elle s'arrêta » sur le mont Philosie, où les enfans de Mars, les » Éduëns (1) lui avoient élevé un temple fameux » pour faire leur cour au Dieu des combats ; à la » nouvelle de l'arrivée de Vénus, tous les mortels » de ces contrées accoururent à Œdua, & je m'y » rendis comme eux ; je n'avois point encore aimé.

» J'assistois à un sacrifice solemnel offert à la » mere des Amours, elle y présidoit en personne » au milieu des trois Grâces, je les contemplois » avec complaisance, lorsque la divine Euphrosine » m'enflâma d'un regard ; je sentis tout-à-coup un » feu secret se glisser dans mes veines ; je tenois » mon offrande, mais oubliant la Déesse, je tombai » aux genoux de l'aînée des Grâces ; *jeune Divinité,* » *lui dis-je, c'est à vous que j'adresse mon hommage ;* » elle y parut sensible. Je la conjurai de rester » sur la terre avec un Génie qui ne s'occuperoit » que de son bonheur, & suppliai Vénus d'être » favorable à mes vœux ; protectrice des amans, » elle sourit de mon empressement, & favorisa mes

(1) Ancien peuple des Gaules, fondateur d'Autun, d'Œdua.

» feux ; mais ſoit raiſon, ſoit caprice, elle ne voulut » point permettre que la divine Euphroſine, juſ- » qu'alors ſans voile comme ſes Compagnes, de- » meurât expoſée nuë aux regards des mortels ; » elle ordonna, pour l'honneur, dit-elle, de la » divinité, que cachée ſous des vêtemens, il ne » fût permis qu'aux Dieux & à moi, de jouir du » bonheur de contempler ſes charmes.

» Euphroſine, qui ne reconnut pas Vénus à ce » trait de modeſtie, en ſoupira ; mais je lui pro- » mis de mettre tant d'art dans les voiles dont » je la couvrirois, que les Déeſſes elles-mêmes » auroient recours à ces vêtemens, pour ajouter » à leur beauté ; & ce fut pour tenir parole à ma » chere Euphroſine, que j'imaginai ces étoffes » éclatantes, & ces gazes enchantereſſes, meres » des déſirs, qui ne rendent que plus piquantes » les beautés qu'on recele.

» Les Lyontins adorerent ma divinité & lui » dreſſerent des autels ; mais les Grâces ſont lé- » gères, mon bonheur ne fut pas long ; Euphroſine » ſe dégoûta de la terre, & me quittant un jour » pour je ne ſais quelle fête qui ſe donnoit à » l'Olimpe, elle n'en revint plus.

» Ce fut pour charmer mes ennuis, que je » m'occupai à perfectionner ce peuple dans l'art

» de composer ces étoffes précieuses ; Mercure
» vient de tems-en-tems nous les enlever, pour
» en parer sans doute les Déesses & les maîtresses
» de Jupiter.

» Mais quelle Divinité tire tout-à-coup devant
» moi le voile impénétrable du tems ; mes yeux
» percent l'obscurité du sombre avenir ; j'y vois
» l'industrie des Lyontins vantée d'un bout de cet
» hemisphere à l'autre, & leurs Manufactures flo-
» rissantes devenir le centre du commerce de l'uni-
» vers entier ; peuple heureux, n'oublie jamais ton
» illustre origine ; que des vuës plus grandes en
» apparence par une fausse politique, ne te fassent
» point quitter le chemin tracé par tes peres, asser-
» vir les mortels à ses goûts, à ses modes, leur im-
» poser un tribut volontaire, tel est le genre de
» gloire qui t'attend ; un jour tu seras soumis à ces
» Pariséens, que tu reçois aujourd'hui dans ton
» sein ; vous ne ferez qu'un même peuple, sous les
» douces loix d'un seul maître bien-aimé. Oui,
» jeune Parisis, après quelques disgraces du sort,
» tu rejoindras ton pere ; il deviendra dans ces
» riches contrées le fondateur d'une ville fameuse,
» qui sera pour jamais la première du vaste em-
» pire qui t'est destiné ; mais cette cité naissante,
» Lyon sera la seconde.

Parisis, enchanté de cette prédiction, sentit renaître l'espérance au fond de son cœur; insensible aux fêtes qu'on s'empressoit de lui donner, toujours rempli de son objet, impatient de rejoindre son pere, il voulut poursuivre sa route.

Lugdus n'ayant pû retenir plus longtems ces illustres Voyageurs, les combla de présens; & le fils d'Œnone promit aux Lyontins d'entretenir toujours avec eux une liaison étroite, en quelque contrée qu'il pût se fixer.

Les Pariséens préférant celui des deux fleuves qui couloit le plus lentement, comme le plus facile à la navigation, & celui qui par sa direction pouvoit les conduire le plus surement à la rencontre de Pâris, remonterent sur leur petite flotte au pied de ce roc sourcilleux, où l'Arare resserrée entre deux côteaux, promet en tout tems un abri sûr au plus léger canot.

La Cavalerie, sous la conduite de Tolonius, continua sa marche; à ces rives escarpées, à ces rochers suspendus qui bordent l'impétueux Rhodanium, succédoient de riantes plaines, & de riches prairies émaillées de fleurs, au milieu desquelles la tranquille Arare, charmée de ces beaux lieux, sembloit se promener avec complaisance.

Après quelques jours de marche, la fraicheur

des forêts voisines, l'aspect riant d'un paysage enchanteur, & la douceur du climat, engagerent les Pariséens à descendre sur ces bords fortunés, pour y prendre le plaisir de la chasse.

Parisis suivis de Bocaris & de quelques autres, furent d'abord reconnoître le pays; la jeune Gallie voulut les accompagner sur un cheval nouvellement dompté; mais bientôt l'animal, indocile au frein, & sourd à la voix de cette belle, l'emporte à travers les bois avec tant de précipitation, qu'elle disparoît en un instant; on se sépare pour la rejoindre plus aisément. Parisis perce la forêt dans l'endroit même où il avoit vû le cheval se précipiter, la parcourt envain le reste du jour, & la remplit de ses cris lamentables. Bientôt la nuit augmentant l'horreur de sa triste position; excédé de fatigue, accablé de douleur, il tombe enfin sans force au pied d'un chêne, où la mort lui semble préférable aux maux dont il est accablé.

Il reparoît enfin ce soleil qu'il craint & qu'il désire; mais des nuages épais le couvrent; nul oiseau ne se fait entendre; toute la nature est en deüil dans ces vastes forêts. Quel funeste présage! il appelle envain la tendre Gallie; l'écho semble même refuser de répéter un nom si doux.

Il marchoit au hasard d'un pas mal assuré, en

s'ouvrant des routes d'une main tremblante, & en s'appuyant de l'autre contre les arbres voiſins, lorſque des lambeaux de vêtemens, & des cheveux enſanglantés ſuſpendus aux branches, vinrent frapper ſes yeux.

» Grands Dieux, s'écria-t'il, c'eſt ſon ſang que » je vois!

Le ſien ſe glace dans ſes veines; il avance; à peine s'eſt-il trainé quelques pas, qu'il découvre en friſſonnant d'horreur, une femme étendue ſur la pouſſière: il y vole, c'étoit Gallie; froide, pâle & les yeux fermés; il tombe à côté d'elle, la ſerre dans ſes bras, colle ſes levres aux ſiennes, & fait retentir à ſon oreille le nom de Pariſis.

A ce nom chéri, un ſoupir douloureux ſe fait entendre, les yeux de Gallie s'entr'ouvrent, ſe tournent ſur ſon époux, & ſe referment auſſitôt.

A ce premier ſigne de vie, l'eſpérance renaît dans le cœur du ſenſible fils d'Œnone; il réchauffe cette infortunée contre ſon ſein; elle articule enfin le nom de Pariſis, lui tend une main tremblante, par dégrés revient à la vie, & comble ſon époux de la joie la plus vive & la plus tendre.

Mais que vont-ils devenir, ſeuls ſans ſecours au milieu des déſerts, & ſans chevaux pour ſe conduire?

Après mille courses incertaines, ils arrivent enfin sur les bords d'un grand fleuve; ignorans si c'étoit celui sur lequel ils s'étoient embarqués chez les Lyontins, tristes & pensifs, ils en cotoyoient le rivage occidental, lorsqu'ils apperçurent une espèce d'enceinte fermée par des rochers; ils s'arreterent en cet endroit pour se livrer au repos, dont ils avoient tant de besoin, & quelques fruits sauvages pourvurent à leur subsistance.

La crainte de voir tomber Gallie entre les mains des Sauvages, fit rester Parisis dans cette retraite, environnée de grands arbres touffus, & semée de fleurs champêtres.

Son premier soin fut d'entrelacer des branchages pour en former une espèce de berceau.

Un soir qu'il revenoit de la chasse, excédé de fatigue, il vit une troupe d'hommes armés, qui ayant découvert Gallie du haut des rochers voisins, tentoit d'en descendre; deux d'entr'eux portoient une femme sur leurs épaules. Parisis saisi de crainte pour son épouse, mais sans rien redouter pour lui-même, les suit avec tant de diligence, qu'ils arrivent tous ensemble à la cabane de la fille de Méris; tremblante d'effroi, elle attendoit l'issue de cet événement sinistre.

Ces étrangers interdits à la vue des graces touchantes de cette jeune beauté, reculent en se regardant en silence, & tout-à-coup saisis d'admiration, tombent de concert à ses pieds dans l'attitude la plus respectueuse; puis se relevant avec vivacité, deux d'entr'eux la prennent dans leurs bras, & disparoissent comme l'éclair; tandis que les autres s'opposent aux efforts que fait son malheureux époux pour la retenir; ils essayent même de le consoler, en lui montrant comme par dédommagement, la femme qu'ils laissent à la place de celle qu'ils lui ravissent.

Quel moment pour le sensible fils de Pâris!

Les Barbares qui retiennent cette infortunée, voyant qu'il s'obstine à vouloir les percer de son javelot, le désarment, l'attachent à un arbre, & s'échappent avec une vitesse incroyable.

La nuit qui survint, redoubla l'horreur de la situation du malheureux Parisis. Edulie, c'est le nom de la jeune étrangère qu'on lui avoit laissée, n'étoit pas plus tranquille; si la pitié la portoit à dégager cet inconnu de ses liens, la crainte la retenoit; il paroissoit accablé de la perte qu'il venoit de faire; mais à l'âge des passions, cette même perte pouvoit le faire songer à la réparer; & lui rendre la liberté, c'étoit peut-être s'exposer à en devenir la victime.

Edulie, après avoir hésité quelque tems, fit enfin céder la crainte à la pitié ; pouvoit-elle ne pas s'intéresser au sort d'un cœur si sensible & si tendre ? elle approche en tremblant, & d'une main timide, dégage Parisis, qui lui en marque sa reconnoissance en tombant à ses pieds.

Il apprend de cette Néreïde, qu'elle est fille d'Édualde, Chef des Éduens, peuple voisin de ces contrées, qu'elle avoit été enlevée par ces ravisseurs près d'Édua, d'où elle étoit sortie avec quelques compagnes, pour aller sacrifier à Vénus sur le mont Philosie ; que ces audacieux s'étoient d'abord prosternés devant elle, & lui avoient toujours marqué depuis le plus grand respect ; que tout ce qu'elle avoit pû comprendre à leurs discours mistérieux, étoit qu'ils la conduisoient au rocher de Longho ; qu'ils étoient en marche pour s'y rendre, quand appercevant une femme charmante sur ce rivage, ils y étoient accourus, & que l'ayant jugée la plus belle, après l'avoir contemplée quelque tems, ils l'avoient préférée. Édulie, dans l'accablement, finit par supplier Parisis de la rendre à son pere ; ce qu'il promit avec une douceur capable de rassurer cette infortunée.

Le fils d'Œnone appercevant la feuillée où Gallie se reposoit, sentit couler ses larmes, & ses gémissemens recommencerent ; puis tout-à-coup devenu furieux, & ne prenant que ſon déſeſpoir pour guide, il alloit ſe précipiter dans le fleuve, lorſqu'il apperçut des barques qui le remontoient : c'étoient les Pariſéens, qui après l'avoir cherché inutilement, continuoient leur route ; il reconnut alors que c'étoit l'Arare qui baignoit ces triſtes lieux, & qu'un heureux haſard l'avoit ramené ſur ſes bords ; il diſtingua bientôt la Cavalerie qui cotoyoit le rivage ; il entendit même les cris perçans de ſes Compagnons, qui le redemandoient à ces vaſtes ſolitudes, & les échos qui répétoient les noms de Pariſis & de Gallie.

Méris & Cébren, dans les inquiétudes mortelles dont ils étoient agités, n'apperçurent pas plutôt un homme, qu'ils ſe firent mettre à terre, pour ſavoir s'ils n'apprendroient rien de leurs enfans ; quel fut leur étonnement, quand ils reconnurent Pariſis lui-même, & que jettant les yeux ſur la femme qui l'accompagnoit, ils virent que ce n'étoit point Gallie.

» Elle nous eſt ravie ô mon pere ! s'écria le fils » d'Œnone, du plus loin qu'il put ſe faire entendre, » vous arrivez trop tard.

Dans l'inſtant cet infortuné fut environné de Tolonius, de Bocaris, d'Amaſius, de Naïs, &

des autres Pariſéens, à qui il raconta ſa malheureuſe aventure.

Manéthon après avoir haſardé quelques plaiſanteries ſur la belle étrangère, propoſa de ſe charger d'elle; mais Cébren d'un regard d'indignation, fit baiſſer les yeux à cet imprudent; & Pariſis fidele à ſa parole, jura qu'il la remettroit lui-même entre les mains de ſes parens; il preſſa même ſon départ, dans l'eſpérance d'apprendre chez les Éduens, quelques nouvelles de ſon épouſe, & ce que c'étoit que ce Longho chez qui on l'avoit conduite; les bateaux devenus inutiles, furent envoyés en préſent aux Lyontins pour ſervir à leur commerce, en reconnoiſſance des étoffes dont ils avoient fait préſent aux Pariſéens, & les chevaux y ſuppléerent.

On marchoit depuis pluſieurs jours ſans tenir de routes certaines, lorſqu'on découvrit au ſortir d'une forêt, une haute montagne; à cette vue, Édulie tranſportée de joie, s'écrie avec tranſport: « C'eſt le mont Philoſie! Temple de Vénus, ô » puiſſante Déeſſe, continua-t'elle, en ſe proſter» nant & en levant les mains au ciel, c'eſt à vous » ſans doute que je dois mon heureux retour aux » lieux qui m'ont vû naître!

On approche, on entend les voix plaintives d'une troupe de jeunes Néreïdes; on prête l'oreille; par

par de ferventes prières, elles ſupplioient leur protectrice de leur rendre Édulie, lorſqu'elles la revoient au milieu d'elles ; quelle joie! quels tranſports! le ſacrifice eſt ſuſpendu, on croit voir Vénus elle-même ; la fille d'Édualde embraſſe ſes Compagnes, & pour les raſſurer contre le nombre d'étrangers qui environnent le temple, elle vante leur généroſité; en un inſtant le nom d'Édulie eſt porté de bouche en bouche, le peuple accourt de toutes parts, on environne les Pariſéens, on leur offre des rafraichiſſemens, on les couvre de fleurs.

Avec quelle joie Edualde ne revit-il pas un enfant ſi cher, & dont il avoit tant pleuré la perte! C'étoit au malheur de l'infortuné Pariſis qu'il devoit le retour de ſa chere Édulie ; il voulut au moins par des fêtes publiques, en marquer ſa reconnoiſſance à ſon bienfaiteur, mais la profonde douleur dont il étoit accablé, ne lui permit pas de les partager ; uniquement occupé de ſa chere Gallie, il demande ſeulement des guides, pour le conduire promptement chez les Longhoniens ; peuple nouveau & à peine connu, qui venoit de s'établir dans ces contrées. (1)

(1) Ancienne Colonie des Celtes établie par Longho, aujourd'hui Langres.

Edua étoit déjà dès-lors une habitation considérable, consacrée au Dieu Mars & à Vénus : cette Déesse l'honoroit quelquefois de sa présence. C'étoit-là que le Génie Lugdus avoit rendu les armes à la belle Euphrosine. Les femmes de cette contrée, formées par les Graces, y étoient initiées dans les misteres de l'amour dès l'âge le plus tendre. Les Pariséens eussent bien désiré faire quelque séjour dans un lieu si charmant; mais la juste impatience de leur Chef, ne leur permit de s'y arrêter, qu'autant qu'il le falloit pour se préparer à de nouvelles courses. Le seul Manéthon, attaché au char de la belle Edulie, ne pouvant se résoudre à la quitter, resta chez les Eduens, dans l'espérance de l'obtenir de son pere. Amasius & Naïs, charmés de la beauté de ce climat, & des douces loix qu'on y suivoit, eussent aussi volontiers pris le parti de s'y fixer, sans Méris qui les conjura de la suivre, & de ne point abandonner Parisis, dans un tems où il avoit si fort besoin d'eux.

Après plusieurs jours d'une marche pénible, à travers des chemins effrayans, les Pariséens s'arrêterent à la source d'une fontaine abondante; c'étoit la Marne qui commençoit à s'échapper de ses roseaux ; la fatigue les obligea de se reposer quelque tems en ces beaux lieux, pour profiter de la ſraîcheur que leur offroient des grottes ſpacieuſes, & taillées dans le roc.

Muſes, qui préſidez à mes chants, daignez me ſoutenir ; je ſens mon cœur tréſaillir à l'approche des rochers qui m'ont vû naître ! dites-moi d'où vient ce charme ſéducteur, cette douce ivreſſe qui nous enflâme au doux nom de patrie ? O généreux François ! puiſſe ce nom ſacré, jadis ſi cher à vos ancêtres, être encore aujourd'hui le mot de raliement de tous vos cœurs ! enflâmés de ſon feu divin, allumé aux rayons de la vertu, puiſſiez-vous ne devenir tous qu'un peuple de freres, ſous les loix du meilleur & du plus juſte des Monarques !

Ce ſéjour enchanté, qui dans d'autres tems eût attiré l'attention de Pariſis, ne fit qu'augmenter l'horreur de ſon état ; il éprouva que tout ſe peint des plus triſtes couleurs aux yeux des malheureux ; livré à ſon déſeſpoir, il erroit ſeul ſous ces vaſtes ſouterrains, lorſqu'à la lueur d'un foible rayon de lumière, il apperçut tracés ſur le rocher, des caractères qui lui parurent Phrygiens. Inſtruit par Cébren dans l'art de peindre ſa penſée & de la fixer, il en avoit ſouvent fait uſage avec ſa chere Gallie ; il s'étoit plû quelquefois à lui tracer ainſi les mouvemens de ſon cœur, & ſouvent elle s'étoit exercée à lui répondre de même.

Parifis ne douta pas que les raviffeurs de fon époufe infortunée, ne fe fuffent arrêtés en cet endroit, & qu'elle n'y eût tracé elle-même ces caractères; impatient d'en comprendre le fens, il les dévore des yeux, mais il ne peut lire que ces mots, ah cher époux! le fort cruel......le refte étoit écrit d'une main fi tremblante, qu'il lui fut impoffible de rien diftinguer.

Le fils de Pâris fondoit en larmes; envain Méris, Cébren, Tolonius & Bocaris s'efforcoient de le confoler, par l'efpérance de revoir bientôt l'objet de fa tendreffe; dans la fureur que lui infpiroit fon défefpoir, il alloit fe livrer aux plus coupables excès, lorfque les guides qui avoient été à la découverte, vinrent l'affurer qu'on n'étoit pas loin du rocher de Longho: le prudent Tolonius propofa d'abord d'aller reconnoître cette peuplade, pour former en conféquence un plan d'opérations plus réfléchi.

L'impatient Parifis approuve ce parti; mais ne s'en rapportant à perfonne, il veut fe charger lui-même de cet emploi périlleux, malgré les repréfentations de Cébren & de Méris, qui fe défient de fon caractère bouillant; & la nuit qui commençoit à couvrir cet hémifphere, parut au Chef des Parifées, d'une longueur infupportable, dans l'attente du jour, qui devoit l'éclairer ſur ſon ſort.

A peine l'aurore ouvroit-elle les portes de l'orient, que le fils d'Œnone ſuivi de Tolonius, vole au pied de la montagne ; ils en meſurent des yeux la hauteur, & la tournent du côté du nord ; parvenus au midi, ils trouvent une eſpèce de plaine, qui en rend l'accès moins difficile ; une porte d'airain, fermoit la ſeule entrée qu'on avoit pratiquée de ce côté dans le rocher ; c'étoit un paſſage auſſi étroit que long, & qui percé obliquement, déroboit la vue de l'intérieur.

L'intrépide Pariſis s'y préſente, mais à peine il y met le pied, que la porte refermée ſur lui laiſſe Tolonius dehors ; au cliquetis des armes qui frappe ſon oreille, Tolonius juge que Pariſis ſe défénd ou qu'il attaque ; déſeſpéré de ne pouvoir partager le danger, il éclate en vaines menaces, & va rejoindre enfin les ſiens, bien réſolu de revenir mieux accompagné délivrer ſon ami, ou mourir avec lui.

Ce triſte événement acheve de jetter les Pariſéens dans une conſternation, qui redouble encore au récit que fait Tolonius de la retraite de Longho, conſtruite au milieu d'immenſes rochers eſcarpés, & où dix hommes en peuvent, dit-il, défendre l'entrée à mille.

Les femmes livrées à une frayeur mortelle, les

yeux baignés de pleurs, peu rassurées par la forêt qui les couvre, & par les discours de Tolonius qui ranime leur courage, se représentent Longho comme un monstre cruel, dont elles vont devenir les victimes; la folâtre Naïs elle-même en perd sa gaieté naturelle, & pour la première fois se livre à la tristesse.

On gémit sur le sort de Gallie & sur celui de son malheureux époux; on se reproche amérement de n'avoir pas usé de violence pour le retenir; on ouvre vingt avis, sans pouvoir en adopter aucun, & tous les yeux des Pariséens se tournent sur Cébren, comme pour lui demander conseil.

» Amis, leur dit-il, je prétens aller seul à ce » rocher redoutable; que pourroit-on craindre » d'un foible vieillard? j'espere attendrir ces bar- » bares.

Amasius, couché aux pieds de Naïs, partageoit sa douleur, & Eusémus imploroit le secours des Dieux; lorsque Bocaris, s'approchant de Cébren, lui dit avec fermeté; » Ce sera moi, mon pere, » qui gravirai sur ces rocs sourcilleux, qu'on dit » innacessibles, & qui au péril de ma vie, verrai » ce qu'il sera possible d'entreprendre pour déli- » vrer votre fils.

On admira le zèle de ce généreux Arélate, qui

partit à ces mots, ſuivi de Tolonius, des ſoldats Troyens, & de quelques amis fideles.

L'aube du jour blanchiſſoit à peine la cime du rocher, qu'ils étoient aux environs de la porte d'airain, d'où ils voyent pluſieurs Sauvages qui s'y préſentent ſucceſſivement avec des fruits, & qui s'y introduiſent ſans obſtacle; Bocaris arrête l'un d'eux, prend ſon pannier, l'engage par quelques préſens à changer de vêtemens avec lui, & entre ſeul, un ſimple bâton à la main. Tolonius, dans l'attente du ſuccès de cette entrepriſe, envoye de ſon côté ſous bonne eſcorte, le Sauvage au Camp, crainte de quelque trahiſon de ſa part.

Cébren & les Pariſéens n'apperçoivent pas plutôt celui qu'on leur amenoit ſous l'habit de Bocaris, qu'inſtruits de ce qui vient de ſe paſſer, ils s'aſſemblent autour de cet étranger pour l'interroger; mais on n'en peut rien apprendre, ſinon qu'il leur eſt défendu de paſſer la première enceinte de la montagne, où il leur eſt permis d'échanger leurs denrées.

On eſpéroit de plus grands éclairciſſemens de la ruſe de Bocaris, adroit & entreprenant; mais on l'attendit envain tout le jour avec impatience; avoit-il été reconnu? reſtoit-il pour faire de plus grandes découvertes? c'eſt ce que l'on ignoroit.

Tolonius furieux, étoit enfin revenu lui-même, pour engager les Pariſéens à aller tous enſemble au péril de leur vie, redemander leur Chefs, les armes à la main; tout étoit enfin diſpoſé, & l'on commençoit à ſe mettre en marche, avec cette noble aſſurance que donne le vrai courage, lorſque le troiſième jour Bocaris reparut; on accourt, on l'environne, on cherche a lire dans ſes yeux ce qu'on doit attendre de ce retour ineſpéré.

» Vénérable Vieillard, dit-il à Cébren, j'ai enfin » pénétré dans ce ſéjour qui vous cauſe tant » d'effroi; mais retenu après la première enceinte, » ce n'eſt qu'en perdant la liberté que j'ai franchi » la ſeconde; il devoit m'en coûter la vie à la » troiſième.

» Arrêté comme eſpion, je fus d'abord conduit » au Chef des travaux, & deſtiné avec d'autres » malheureux, à tailler à pic ce rocher que vous » découvrez d'ici, pour en rendre de plus en plus » l'accès impraticable, & à creuſer dans l'intérieur » des habitations ſouterraines.

» Je commençois à peine ce pénible ouvrage, » que j'en fus tiré tout-à-coup; on m'arme d'un » arc & d'une flèche; on me conduit dans un » bois ſombre, où quelques foibles rayons du jour » ſe laiſſent à peine entrevoir, & où tout inſpire

» une ſainte horreur ; une troupe nombreuſe de » gens armés de lances, étoient debout en ſilence » autour de moi ; plus loin, douze prêtres envi- » ronnoient un autel, ſur lequel s'appuyoit triſte- « ment une femme vêtue d'une longue robe blan- » che ; d'autres à peu près dans le même habille- » ment, l'entouroient avec reſpect, & répétoient » des chants lugubres.

» Au milieu de cette effrayante aſſemblée, pa- » roiſſoit à genoux un criminel chargé de chaînes; » à un certain ſignal donné par un prêtre, un ſol- » dat lève le voile qui cachoit la victime, & » m'ordonne de la frapper ; j'en frémis encore, » c'étoit Pariſis !

» Tous mes ſens ſe glacent à cette vue, l'arc & » la flêche me tombent des mains, je jette un cri » terrible, & me précipite dans les bras du meilleur » des amis, en demandant à haute voix de mourir » en ſa place.

» La Prêtreſſe frémit, s'agite, ſes yeux ſe trou- » blent, ſes pas chancellent, puis raſſemblant tout- » à-coup ſes forces, elle s'élance vers Pariſis, qu'elle » arroſe de pleurs.

» C'eſt à moi, dit-elle en s'écriant, c'eſt à moi » de mourir pour lui !

» A ces mots, je reconnois Gallie ; l'étonnement

» règne dans tous les yeux, le peuple recule d'effroi, » & les prêtres se taisent : la Prêtresse dans l'en- » thousiasme de l'esprit divin qui l'anime, brise » les liens qui entouroient votre fils, le prend par » la main, le conduit à travers la foule qui s'ouvre » devant elle, jusqu'au sanctuaire dont elle referme » les barrières, & adresse ce discours au peuple » étonné.

» O vous que je ne connois pas, & qui en » m'accordant le prix de la beauté, m'avez crue » destinée à invoquer pour vous la divine Cel- » téma, (1) s'il est vrai, comme on me l'a dit, que » vous ayez reconnu sur mon front les signes » distinctifs de la protection de la Déesse, respectez » en moi son organe ; apprenez que cette victime » que vous alliez immoler, est un mortel que les » Dieux ont uni à mon sort ; que mon cœur fut » l'autel où il adressa ses premiers vœux ; que loin » d'être un espion téméraire, envoyé par Celtès » pour vous surprendre, il venoit me chercher en » qualité de mon époux ; si mes oracles en un mot, » ont droit d'être sacrés pour vous, respectez un » mortel, dont Celtéma ne sauroit demander la mort.

(1) Ancienne Divinité des Celtes, à qui ils immoloient des hommes.

» Alors la Prêtresse tend la main à Parisis, qui » frappé d'admiration & de joie à la vue de sa » chere Gallie, ne peut prononcer un seul mot; » les Druides l'environnent avec respect, & lui » assignent une place parmi eux.

» C'étoit sans doute, Minerve elle-même qui » animoit la divine Gallie; tout le peuple tombe » à ses genoux, & lui jure de ne plus voir dans cet » étranger que l'ami des Dieux; Longho lui même, » suivi des Eubages, (1) s'avance vers l'autel, » embrasse Parisis, & lui rend la liberté ainsi qu'à » moi.

» Tel est, cher Cébren, continua Bocaris, la » scène intéressante dont mes yeux viennent d'être » témoins.

» Dans l'excès de ma joie, je demande qu'il me » soit permis d'en venir faire part à d'infortunés » Troyens, que le sort a conduit dans ces lieux.

» A ce mot de Troyen, Longho frappé d'étonne- » ment, redouble ses caresses, & me presse de vous » amener dans sa ville; il aimoit, dit-il, Priam, & » fut même autrefois son allié; suivez-moi donc » sans crainte, ces peuples connoissent l'hospitalité.

---

(1) Espèce de Druides du second ordre, leur ministère étoit de rendre les oracles.

A ce discours, l'espérance renaît dans tous les cœurs, la joie succède à la douleur, Méris en répand des larmes d'attendrissement, & croit déjà embrasser sa chere Gallie ; Naïs & les autres femmes déployent les riches étoffes dont Lugdus leur a fait présent.

On embrasse Bocaris, on l'interroge, on le suit avec ravissement ; Longho lui-même accourt au-devant d'eux, les caresse, les invite à le suivre ; & Tolonius lui présente la brillante jeunesse, qui alloit les armes à la main lui redemander leur Chef ; Eusémus & Amasius même s'empresserent autour de ce Guerrier rédoutable, & marchent à ses côtés, avec cet air d'assurance que donne aux plus lâches la joie d'un péril passé.

Cependant Parisis au comble de ses vœux, remercioit les Dieux de ce que les graces & le courage de Gallie les avoient garantis l'un & l'autre du plus grand des dangers ; mais leurs malheurs n'étoient pas encore finis.

Le Chef des Druides, le vieux *Calos*, amoureux en secret de la belle Prêtresse, après avoir tenté vainement de faire immoler son mari, qu'il avoit reconnu pour tel dans l'interrogatoire qu'avoit subi Parisis, désespéré de se voir au moment de perdre sa proye, déclara hautement qu'une victime échappée à l'autel de Celtéma, devoit rester toute sa vie consacrée au service de cette Déesse ; tous les Druides, gagnés sans doute par leur Chef, applaudirent à la sagesse de cette décision, & furent sur le champ revêtir Parisis de la robe sacrée des prêtres ; tandis que quatre Eubages, des flambeaux à la main, exhortant la Prêtresse consternée, gardoient l'entrée du sanctuaire, qui ne pouvoit être ouvert qu'à elle seul & au Chef des Druides.

Envain Parisis en réclamant contre cette loi tyranique, voulut suivre son épouse ; il fut conduit au son des instrumens à l'appartement des Druides, où *Calos* le reçut selon l'usage, en lui présentant une couronne de guy de chêne.

La ville éclairée par des feux, retentit bientot du nom du nouveau Druide ; les Bardes (1) chanterent cet événement ; les jeunes Longhoniens, selon la coûtume des Celtes, danserent en signe de joie, firent des sauts à travers des épées nues & des javelots plantés au milieu de la place publique, & tout le peuple célébra le bonheur de l'heureux Etranger.

---

(1) Autre espèce de prêtres consacrés à chanter les louanges des Dieux & des Héros ; c'étoient les poëtes du tems & les philosophes de la nation.

C'eſt ainſi que l'aveugle vulgaire, ébloui du ſort des grands, admire le faſte qui les environne, tandis que ceux-ci, ſous les liens dorés de leur ſervitude, rongés d'ennuis, envient ſouvent le ſort du plus ſimple citoyen. Euſémus diſoit hautement, qu'on ne pouvoit violer les droits ſacrés des prêtres de Celtéma; Amaſius traitoit de misères toutes ces pratiques religieuſes; il parla même avec tant de légereté des Druides, que ſon imprudence penſa lui attirer des affaires avec le peuple; d'un autre côté Tolonius & Bocaris parloient déjà d'enlever de force, la prêtreſſe & ſon mari; tandis que Méris, replongée dans les larmes, les mains dans celles de Naïs, ne ſavoit plus qu'eſpérer de cet événement.

Cébren, ſenſiblement touché de ce nouvel incident, modère la vivacité des uns, conſole les autres, & ſe charge de voir le Chef de cette Nation.

Longho lui fit entendre qu'il connoiſſoit les Druides, & l'abus qu'ils faiſoient de leur pouvoir, à l'abri des autels de Celtéma; mais ajouta qu'il étoit ſouvent forcé de fermer les yeux, pour ne pas irriter un peuple crédule, & ſuperſtitieuſement ſoumis aux prêtres; qu'au reſte, l'affaire lui paroiſſoit de nature à devoir être examinée par la nation aſſemblée.

Le conſeil fut convoqué, & Pariſis y parut avec cette confiance que donne le bon droit, repréſenta avec force que Gallie étoit liée à lui par les ſermens les plus ſacrés, & qu'une prêtreſſe ne pouvoit être parjure, ſans offenſer le ciel & la terre.

Les commentaires des Druides ſur cette importante queſtion, furent ſans nombre; mais loin de réſoudre la difficulté, ils ne firent que l'embrouiller, & c'étoit probablement leur but.

Les femmes enfin, touchées du ſort de Gallie, ſe rangerent de ſon parti, & l'épouſe de Longho, la prudente Lingonie, défendit les intérêts de la Prêtreſſe avec tant de fermeté, qu'il fut réſolu qu'on la laiſſeroit maîtreſſe de décider elle-même de ſon ſort.

Gallie interrogée, proteſta hautement que rien ne pouvoit rompre les engagemens qu'elle avoit pris à la face du ciel; & en ſe dépouillant des voiles & des ornemens de prêtreſſe, ſe précipite dans les bras de Pariſis, en jurant de ne le plus quitter.

Les ſermens de l'himen, étoient ce que les Longhoniennes connoiſſoient de plus ſacré; élevées parmi les Celtes, épouſes auſſi fidèles que meres tendres, elles regardoient un mariage heureux, comme l'effet de la plus grande protection des Dieux, la mort ſeule pouvoit en rompre les nœuds,

Des femmes nées avec de tels principes, ne pouvoient qu'être touchées de la conduite de Gallie; renoncer au sanctuaire, quitter les honneurs que la prêtresse partageoit avec la divinité, redevenir simple mortelle, pour porter avec un époux le poids & les calamités de la vie, leur parut un effort digne de la plus haute vertu; toutes applaudirent à l'action de la Prêtresse, & le vieux *Calos* dissimulant sa jalouse rage, se promit bien intérieurement de se venger des deux époux.

Parisis, rendu à ce qu'il avoit de plus cher, se livra envers ses amis, aux transports de la plus vive reconnoissance, essuya les larmes de Cébren & de Méris, remercia Lingonie de sa généreuse assistance, & prit part aux fêtes que Longho avoit fait préparer.

Le fils d'Œnone, avant de quitter ce peuple, voulut connoître ses mœurs & ses usages; conduit par Longho, & suivi de Cébren, de Tolonius & de Bocaris, il visita les différens magasins, où l'on gardoit en dépôt les armes & les différentes machines propres à la guerre; comme la quantité en étoit considérable, il demanda où étoient les guerriers que cette multitude de lances & de chariots pouvoient armer.

» Vous les voyez, reprit Longho, ce sont les ouvriers

» ouvriers de toute eſpèce répandus dans cette
» ville naiſſante, & ces laboureurs épars dans nos
» campagnes ; ils goûtent pour la première fois,
» les douceurs d'une vie paiſible, mais toûjours
» prêts à reprendre leurs armes au premier ſignal.

» Las de courir l'univers à la ſuite de Celtès,
» offenſé d'une injuſte préférence après d'impor-
» tans ſervices, j'ai enfin abandonné ſes drapeaux
» ſur le bord du Rhin, & ſuivi d'une troupe d'a-
» mis, ayant dirigé ma marche vers ces heureux
» climats, ce rocher eſcarpé m'a paru propre à y
» former l'habitation que vous voyez : veuillent
» les Dieux, que nos anciens & injuſtes Compa-
» gnons ne tournent jamais leurs pas vers ces fer-
» tiles contrées, & que les immenſes déſerts que
» j'ai laiſſés entr'eux & nous, ne ſoient jamais
» franchis par cette multitude errante !

» La ſeule choſe que je craigne, (ajoûta-t'il)
» c'eſt que ces murailles qui nous environnent, &
» ces maiſons plus commodes que nos anciennes
» habitations, ne nous faſſent bientôt dégénérer
» de nos ancêtres, & que nos corps à l'abri de la
» rigueur des ſaiſons, ne s'affoibliſſent, & ne don-
» nent à nos ennemis l'avantage que nous avons
» eû nous-mêmes ſur tant de mortels efféminés,
» dont nous avons détruit les villes ; déjà nos

» femmes, ci-devant accoûtumées à nous ſuivre à » la guerre ſur des chariots, à braver le froid, la » faim & la ſoif, daignent à peine nous accom- » pagner à la chaſſe; expoſées autrefois aux in- » jures de l'air, elles préſentoient à leurs enfans les » premiers alimens ſur une épée tranchante, & les » baignoient ſans crainte dans des fleuves glacés: » déjà, par je ne ſçais quelle pitié mal entendue, » elles ſemblent ſonger à s'affranchir de ces devoirs » ſacrés; puiſſent-elles un jour ne pas faire ſuccer à » leurs enfans la molleſſe avec le lait!

Longho dit enſuite au jeune Pariſis, que s'il étoit curieux de parcourir ces vaſtes contrées & vouloit s'y fixer, il lui conſeilloit de tourner du côté du couchant; qu'il y trouveroit d'illuſtres infortunés, iſſus comme lui du ſang de Priam, occupés à y fonder une Colonie fameuſe ſous la conduite de Francus, avec lequel il étoit depuis quelque tems lié de l'amitié la plus étroite.

La nouvelle de l'établiſſement d'un fils d'Hector dans ces contrées, inſpira aux Pariſéens la joie la plus vive. On brúla d'impatience de rejoindre ce Héros; on ſe flatta même que Pâris inſtruit par la renommée de cet événement, avoit tourné ſes pas de ce côté, & bientôt on n'en douta plus, parce qu'on le ſouhaitoit avec ardeur. Mais la ſaiſon étant trop avancée, Longho exigea que ses hôtes ne partissent, que lorsque le printems auroit ramené les beaux jours.

L'hiver se passa dans des fêtes & des parties de chasses à la manière des Celtes, où Parisis, Tolonius & Bocaris signalerent leur adresse.

La belle saison arrivée, le Chef des Longhoniens donna au fils d'Œnone des guides sûrs, & tous les secours qui pouvoient dépendre de lui; mais avant de se quitter, tous deux se jurerent une amitié sincere, & promirent de s'aider réciproquement dans leurs besoins, si jamais le farouche Celtès entreprenoit de venir les troubler dans leurs nouveaux États.

LIVRE QUATRIÉME.

TANDIS que le jeune Parifis, fous la conduite des Longhoniens, s'approchoit de la nouvelle Troyes; l'infortuné Pâris, après avoir parcouru d'immenfes contrées, & vifité différens peuples fans avoir entendu parler d'Œnone, commençoit à compter moins fur les promeffes de Minerve celles de Vénus, quoique d'une Déeffe, avoien eû un retour fi funefte, qu'il ofoit à peine fe livrer à la douce efpérance du nouveau bonheur qui lui étoit promis; mais fupérieur à fes infortunes, il les fupportoit avec une fermeté, qui étonnoit fes triftes Compagnons. Ces anciens & foibles courtifans de Priam & d'Hélene, que tant de courfes commençoient à laffer, reprochoient fans ceffe à leur Chef, de les avoir arrachés au repos dont ils jouiffoient à Vauclufe, pour courir après des chimères.

Un jour qu'excédés de fatigues & preffés d'une foif ardente, ils s'étoient arrêtés fur les bords d'un grand fleuve, ils furent fi touchés de la beauté des riantes prairies qui bordoient fon rivage, & qu'ombrageoient de petits bois folitaires, qu'ils réfolurent de s'y arrêter; la nuit prête à tomber, la fraicheur de l'air, le murmure des eaux, la ſolitude, & ſur-tout la fatigue, livrerent bientôt les Troyens aux douceurs du ſommeil.

A peine l'aurore avoit réveillé les oiſeaux, qu'un bruit confus de voix, mêlé de chants, attira l'attention de nos voyageurs, du côté d'une vaſte forêt voiſine; Frivolidès étonné, ſe lève, prête l'oreille, & annonçant avec joye à ſes amis quelque fête champêtre, ſe promet déjà d'y jouer un rôle. Mais Pâris, mieux inſtruit des uſages de ces contrées, juge que c'eſt un bois ſacré, où des Druides célèbrent leurs miſtères, & qu'il n'eſt pas éloigné de quelque habitation conſidérable.

On ſe ſépare pour parcourir en même-tems plus de terrein; on vole à la découverte, & Hyppoménis rapporte le premier, que ce ſont d'illuſtres étrangers qui, établis depuis peu dans ces contrées, viennent tous les ans à pareil jour, dans cette ſombre forêt habitée par des Druides, offrir un ſacrifice aux Dieux du pays, pour ſe les rendre propices. Pâris, impatient de connoître ces étrangers, précipite ſes pas du côté que le bruit ſe fait entendre; il apprend que leur Chef ſe nomme Francus, & qu'ils ſe conſtruiſent à quelque diſtance de-là, une Ville qu'ils appellent Troyes.

A ces noms de Francus & de Troyes, Pâris & ſes Compagnons verſent des larmes d'attendriſſement ; l'excès de leur joie eſt ſi vif, qu'ils ne peuvent en modérer les tranſports. Ils pénètrent dans la forêt, s'avancent, & percent juſqu'au lieu de la cérémonie ; on les environne ; ſur ce qu'ils ſe diſent Troyens, on les interroge ; mais perſonne ne les reconnoît ; tant le tems, les fatigues & les malheurs ont changé leurs traits. Pâris ſe préſente, ſe nomme, demande le Chef; on accourt, on s'aſſemble en foule autour de lui ; ſon nom porté de bouche en bouche, parvient en un moment juſqu'au jeune Francus, qui doutant d'abord du bruit qui ſe répand, vole pour s'en aſſurer, à la rencontre de ces étrangers. Il les joint, les reconnoît, les embraſſe avec tranſport ; on verſe de part & d'autre des larmes de joie ; on en répand ſur les malheurs de la patrie, & l'on ſe raconte ce que l'on ſçait des deſtins de la déplorable famille de Priam, diſperſée par tout l'univers.

Pâris, inconſolable d'avoir été l'auteur de tant de déſaſtres, s'abîme dans ſa douleur ; puis ſe livrant aux careſſes de Francus qui le conſole, il le ſuit, & aſſiſte au ſacrifice préparé. On immole un taureau blanc, on interroge ſes entrailles palpitantes ; & le Chef des Druides, dans l'enthouſiaſme de l'eſprit divin qui le poſſede, annonce à l'aſſemblée, que l'illuſtre Troyen que les Dieux leur envoye, deviendra dans ces climats le fondateur d'un grand Empire, d'une Cité célèbre par tout l'univers, & dont la nouvelle Troyes se fera gloire d'être alliée & tributaire. » J'en accepte l'augure ! » s'écrie Pâris: puissions-nous un jour, devenus » sages par l'expérience, ne composer qu'un peu- » ple de freres.

Le sacrifice achevé, on reprend le chemin de la ville. Francus raconte au fils de Priam, comment après avoir pris terre sur les côtes de l'Hespérie avec quelques amis, il avoit enfin percé jusques dans ces lieux, par le secours de Longho, guerrier célèbre, Celte d'origine, établi depuis peu dans ces contrées; & comment cet ancien ami des Troyens, les avoit recueillis chez les Rhétiens, vers les sources du Rhin, où ils étoient parvenus, après des courses & des travaux innombrables.

Bientôt la nouvelle Troyes, que l'on découvre au sortir de la forêt, fixe l'attention de Pâris; il en admire les tours & les fortifications; il approche, & demeure frappé d'étonnement, à la vue du grand nombre d'ouvriers employés aux travaux de cette Cité naissante: les uns s'empressent de tracer des remparts, les autres creusent de larges fossés; ici l'on roule de grosses pierres d'une blancheur éblouissante; là on les élève avec des machines; plus loin, on projette un édifice destiné à rendre la justice ; tandis que d'autres taillent d'immenses colonnes, destinées pour un temple.

Le fils de Priam ne peut imaginer par quel charme puissant, ces déserts ont pû en si peu de tems, enfanter tant de prodiges.

Il apprend bientôt de Francus, que son heureux destin l'a lié par l'hymen à la fille de la redoutable *Fétisse*, qui règne à peu de distance delà dans un pays enchanté, sur un peuple de Fées & de Génies; qu'en faveur de cette alliance, elle a épuisé son art, & s'est plû à prodiguer ses bienfaits aux infortunés Troyens.

Pâris en témoigne sa joye à ce jeune Prince, lui fait part de son côté des promesses de Minerve, & lui montre le bouclier fameux, sur lequel elle a tracé elle-même les limites de l'empire promis à sa postérité. Ensuite il lui parle d'Œnone qu'il cherche, de son fils qu'il a déjà retrouvé à Vaucluse avec Cébren, du tems qu'il a passé avec eux dans cette agréable solitude, de Méris, de la divine Gallie, & de son heureux hymen avec Parisis; lui dit enfin pour quoi il s'en est séparé avec le peu d'amis qul le suivent, & l'espérance qu'il a d'aller bientôt les rejoindre.

Pâris continuant de traverser la ville, voit avec

étonnement, que la nouvelle Troyes est construite exactement sur le plan de l'ancienne, & que le palais de Francus est bâti sur le modèle de celui de Priam. Dans l'admiration de tout ce qui s'offre à sa vûe, il précipite ses pas à travers les cours, & bientôt l'intérieur le frappe encore davantage, par l'étonnante ressemblance des distributions.

» Voilà, dit-il, l'appartement du Roi. C'est ici » que j'embrassai pour la première fois ce vieillard » vénérable, lorsque sorti vainqueur du tournois » qui m'avoit attiré à sa Cour, je lui fus présenté » par Hector, que j'avois désarmé. C'est-là que la » tendre Hécube, me reconnoissant pour ce fils » qu'elle avoit autrefois fait exposer par Archélaüs, me prodigua les plus tendres caresses, sans » se ressouvenir des fatales prédictions d'un oracle, » qui ne s'est malheureusement que trop accompli: » voici l'appartement des princesses; mais que » vois-je! c'est Cassandre, c'est Polixene elle-même; ces peintures la retracent à mes yeux d'une » façon si sensible, que mon cœur en est ému.

Delà, passant dans une gallerie, il la trouva pleine d'artistes fameux, occupés à la décorer; c'étoient l'histoire de la malheureuse Illion qu'ils traçoient sur des toiles.

Pâris en y jettant les yeux, se reconnut lui-même

ſur le mont Ida, au milieu des trois Déeſſes, donnant la pomme à Vénus.

» Voilà donc, s'écria-t'il en levant les yeux vers
» le ciel, & en les détournant de cet objet funeſte,
» voilà donc la fatale époque de tous nos malheurs!

Mais il ne put retenir ſes larmes, à la vûe du ſecond tableau : c'étoit la jeune & tendre Œnone, qui, dans l'aimable déſordre d'une beauté dans les pleurs, lui faiſoit ſes adieux, en lui repréſentant l'état cruel, dans lequel il la laiſſoit au moment d'être mere. L'art avoit ſi bien rendu l'expreſſion de ſa douleur, à travers les graces naturelles dont elle étoit douée, que Pâris en eſt ſaiſi d'admiration & de regrets, que les forces lui manquent, & qu'il fait craindre pour ſa vie.

On l'entraine enfin du côté oppoſé, qui lui offre un autre tableau, dont Fétiſſe elle-même avoit conçu l'idée. C'étoit Hélene à ſa toilette, dans cet élégant négligé, dans cet aimable déſordre, plus ſéduiſant que la parure la plus recherchée. Cette adroite princeſſe y ſembloit reſpirer avec cet air intéreſſant, avec cette douce langueur que donne le calme de l'ame, avec cette fraicheur qu'offre au matin la roſe, avant que le ſoleil l'ait échauffée par ſes rayons. Les Grâces ſembloient arranger ſes cheveux, en diſpoſer les boucles, les entremêler de fleurs, les assortir à son teint, & le fils de Vénus avec un ſris malin, lui présentoit la ceinture de sa mere. L'ingénieux artiste enfin, n'avoit rien oublié de ce qui pouvoit concourir à la beauté de son tableau; richesse d'invention, noblesse d'ordonnance, goût dans les distributions, caractères neufs & piquans, coloris admirable, tout s'y trouvoit placé par la main du génie. Les ressemblances mêmes y étoient si frappantes, que Frivolidès & Locuplès ne purent s'y méconnoître. Frivolidès en habit de fête, & dans l'attitude la plus galante, panché nonchalament sur le dos du fauteuil de la princesse, attachoit lui-même à sa blonde chevelure, une aigrette de diamant que Locuplès venoit de lui offrir, & qu'il avoit adroitement ménagée sur la subsistance des défenseurs de la patrie; il étoit difficile de juger entre ces deux courtisans, lequel paroissoit le plus satisfait de lui-même, ou de Locuplès, qui couvert d'or & d'un air d'importance, sembloit défier toute la Cour de faire un plus riche présent; ou de Frivolidès, qui tiroit toute sa gloire de la complaisance avec laquelle Hélene sembloit sourire à ses soins; la vanité, le luxe & la molesse soutenoient l'autel où l'on encensoit cette divinité: une troupe de bas flatteurs rangés autour d'elle, & la tête en avant, sembloit être en extase : le fond du tableau étoit rempli par un groupe de vieux courtisans, qui racontoient les nouvelles du jour ; & de douairieres surannées, qui, d'un air dédaigneux & chagrin, avoient l'air de vanter la vieille Cour, aux dépens de la nouvelle, où elles ne jouoient aucun rôle.

Le sensible Pâris ne put revoir le portrait d'Hélene sans émotion ; il étouffa quelques soupirs, & garda le silence.

Par un contraste aussi frappant qu'ingénieux, le tableau qui suivoit, étoit le moment terrible où Achille vainqueur, après avoir attaché Hector à son char, le traînoit tout sanglant autour des murs de Troyes. Pâris, en détournant précipitamment les yeux de ce tableau, les couvrit de ses mains.

Francus craignant enfin que la suite de ces tristes objets n'ajoutat aux ennuis de ce malheureux prince, le tira sans affectation de cette gallerie, & le fit passer dans une autre.

Aux portes dorées qui frapperent ses yeux, Pâris reconnut la vaste salle où le Roi son pere rassembloit à grands frais, les ouvrages des Savans de l'antiquité, & toutes les nouveautés dont les beaux esprits Grecs & Troyens, enrichissoient chaque jour la république des Lettres.

Frivolidès grand amateur des modernes chef-d'œuvres dont la ſavante Cour d'Hélene jugeoit en dernier reſſort, ſe mit en devoir de parcourir les richeſſes littéraires de la nouvelle Troyes.

» Vous ne trouverez point ici, lui dit Francus, » cette multitude innombrable de volumes dont la » bibliotheque de Priam étoit enrichie; mais voici » qui eſt peut-être plus digne de vous plaire.

Une porte s'ouvrit alors, & offrit aux regards de Pâris & des ſiens, une prodigieuſe quantité d'armures, de caſques, de boucliers, de javelots, d'arcs & de flêches, rangés par ordre ſur d'immenſes tablettes; d'un autre côté, des modèles de machines de guerre de toute eſpèce, des inſtrumens de mécanique; des plans en reliefs de villes, de fortifications, de ports, de vaiſſeaux, enfin tout ce que l'art de la guerre peut offrir de plus intéreſſant aux amateurs de ce glorieux & pénible métier: on y voyoit auſſi, de diſtance en diſtance, les buſtes des héros Troyens, qui avoient ſuccombé les armes à la main, ſur les remparts détruits de l'infortunée Illion. On y reconnoiſſoit Hector, Énée, Sarpédon, Oronte, Anténor, Achatès, Abas, Aléthés, Gias, Capis, Lycus, Illionnée, & cent autres Guerriers également dignes d'un meilleur ſort.

Frivolidès, pour qui tout étoit un objet d'amuſement, alloit rapporter quelques anecdottes ſécrettes de leur vie privée, d'après la collection des galantes brochures qu'il avoit faites pour les petits appartemens d'Hélene, quand Francus ouvrit une petite porte ronde, autour de laquelle ſe trouvoient quelques volumes épars ſur des tablettes. » Voilà, leur dit-il, de quoi vous dédommager. Tous les livres qui rempliſſoient les immenſes galleries de Priam, ſe trouvent en racourci » dans ce petit ſanctuaire. Fétiſſe, dont rien n'égale la puiſſance, & à qui nous devons tout ce » qui fait ici l'objet dev otre admiration, n'a fait » qu'en retrancher d'un coup de baguette, les éternelles répétitions des différens auteurs, qui ſe ſont » copiés & volés ſucceſſivement les uns après les » autres. Chaque volume qui entre ici, eſt dépoſé » ſur cet autel de marbre noir, & dès qu'il eſt frappé » des rayons du ſoleil à travers ce verre ardent qui » marque le point central de la coupole, il ne reſte » de chacun de ces divers ouvrages, que les parties » eſſentielles. Ce marbre eſt un creuſet, où ſe réduiſent en un inſtant les in-folio les plus volumineux, » à l'or pur & ſans alliage qu'ils renferment.

» Toutes les connoiſſances humaines ſont ici » raſſemblées; mais ne s'y trouvent qu'une fois. » Si quelque moderne prétend avoir fait quel-

» que nouvelle découverte ; ce qui exiſte de » neuf dans ſon ouvrage, après l'eſſai du verre, va » ſe rejoindre à ſa place, dans le livre qui traite de » la même matière avec le nom de l'auteur. L'hiſ- » toire de l'univers eſt ainſi réduite à ce peu de » volumes, parce que tous les faits indignes d'y » entrer, ont diſparu au vif éclat de la lumière » de ce verre enchanté.

» Comme les ouvrages des Poëtes ſont de pur » agrément, il n'en reſte ici que ce qui porte l'em- » preinte du génie, & de cet enthouſiaſme divin, « qui caractériſe les véritables enfans d'Apollon. » Il en eſt de même de ces ſciences ſublimes, dont » beaucoup d'honnêtes gens ſont la dupe ; elles » occupent en ce ſalon une fort petite place. Par » exemple, nous n'avons encore ici aucun ſyſtême » du monde ; tous ſont diſparus à l'épreuve du » verre ; il faut bien que le véritable ne ſoit pas » encore trouvé ; & nous n'avons aucun traité de » l'ame, ſur laquelle on en a tant faits. (1)

Hypoménis voulut voir les livres de Médecine ; mais il ne ſe trouva que quelques feuilles volantes qui traitoient des ſimples & de leur vertu.

---

(1) Il en a paru depuis pluſieurs de fort beaux, ainſi que des ſyſtêmes du monde.

Pendant que Francus & Paris admiroient les prodiges de ce précieux verre, Locuplès d'un œil avide, parcouroit toutes les tablettes, & ne trouvant aucun ouvrage de sa connoissance, jugea cette Bibliothéque très-mal composée.

Un bruit tumultueux, qui se fit entendre à la porte orientale de la Rotonde, attira l'attention de Pâris.

» Ce n'est rien, lui dit Francus; ce sont des » auteurs en tout genre, qui chargés des pro» ductions de leur esprit, viennent les soumettre » à l'épreuve de ce verre.

Ils présenterent en effet d'un air triomphant leurs ouvrages, & en chargerent l'autel; mais ils disparurent en un instant; Frivolidès, tout en plaisantant ces écrivains voluminuex, voulut y présenter lui même quelques poësies de sa façon; mais avant même de toucher le marbre, elles tomberent en cendre à ses pieds; & comme il s'en plaignoit, en s'appuyant négligemment sur l'autel:

» Que fais-tu téméraire, lui dit Pâris? éloigne » toi de ce marbre, si tu ne veux disparoître toi» même; il ne souffre rien de futil. Le frivole Troyen sourit de la menace, & cependant crainte d'événement, gagna la porte.

Delà, Francus conduisit ses nouveaux hôtes chez

chez la Reine, où toutes les Dames s'étoient rassemblées pour les recevoir.

Pâris frappé de l'éclat de cent jeunes beautés, dont cette Princesse étoit environnée, crut se retrouver dans le palais de Priam; Frivolidès enchanté, s'imagine être encore à la Cour d'Hélene, à une de ces fêtes dont il étoit l'ordonnateur & le héros; rentré dans son élément, il compose son maintien, sa démarche, son visage, & d'un air assuré, cherchoit déjà des yeux, la beauté à laquelle il devoit rendre son hommage; lorsqu'à sa profonde douleur, il reconnut au milieu des Dames Troyennes, la prude Creüse, pour laquelle il avoit brulé d'un amour malheureux: le fat osa même la plaisanter sur ce que le pieux Énée, son illustre époux, après lui avoir préféré ses Dieux, son Pere, & le jeune Ascagne, l'avoit abandonnée dans cette nuit si fatale à Troyes, à la discrétion des vainqueurs, & la pria d'agréer ses tendres vœux.

L'instant après, des tables furent servies avec une magnificence & une délicatesse qui ajouterent à l'étonnement de Pâris; la jeune Reine, la divine Plaucée, en fit les honneurs avec tant de graces & de majesté, qu'il en demeura dans l'enchantement.

Plusieurs jours se passerent en fètes magnifiques,

où Frivolidès se distingua beaucoup, & acquit une grande réputation parmi les femmes.

Pâris, trop occupé de sa douleur, ne sembloit se livrer à ces amusemens, que par reconnoissance pour Francus & Plaucée, qui mettoient tout en usage pour charmer ses ennuis. Œnone & son fils, toûjours présens à sa pensée, l'occupoient tout entier. Il ignoroit qu'il touchoit au moment tant souhaité, d'être réuni à ses chers enfans.

Un jour qu'il projettoit son départ, on lui apprit, que des étrangers conduits par des Longhopaniens, venoient de se présenter aux portes du palais; tout s'empresse de courir au-devant d'eux.

» Ciel! que vois-je? s'écria Pâris avec transport, » c'est le respectable Cébren, c'est Gallie, c'est » Méris!

On ne peindra pas ce moment; ceux que la nature a doués d'un cœur sensible, l'imagineront sans peine; ceux qu'elle a privés d'un don si précieux, ne sont pas faits pour le sentir.

Chacun se dispute le bonheur d'embrasser Pâris le premier; son fils lui présente Tolonius & Bocaris, qui lui présentent à leur tour les Marsilliens & les Arélates de leur suite.

Francus & Plaucée, spectateurs enchantés de cette scène attendrissante, partagent l'allégresse de leurs nouveaux hôtes, les comblent de careſſes, ſe promettent de ne rien épargner pour leur faire oublier les maux qu'ils ont ſoufferts, & les preſſent de rentrer au palais. Tous les yeux ſont fixés ſur Pariſis & ſur Gallie ; ce couple heureux, par ſon air noble & plein de douceur, eſt l'objet de l'admiration & des acclamations de tous les ſujets de Francus ; & Tolonius ainſi que Bocaris, ſont accueillis avec toute la diſtinction due à de généreux étrangers, attachés au jeune Pariſis par les liens de l'amitié la plus tendre.

Cébren raconte en peu de mots à Pâris l'ardeur qu'avoit marquée ſon fils pour le rejoindre; ſon voyage à Marſillis & chez les Arélates; les ſecours qu'il en a obtenus, les obſtacles & les malheurs qu'ils ont eſſuyés dans leurs courſes. Ce pere tendre, éprouve ſucceſſivement à ce récit, tous les ſentimens de reconnoiſſance, de tendreſſe, de pitié & de crainte, que lui inſpirent les différentes poſitions où s'eſt trouvé ſon fils.

Les fêtes recommencerent, & durerent pluſieurs jours; Naïs par ſon aimable gaité, rendoit tous les jeunes Troyens jaloux du bonheur de l'heureux Amaſius, à qui l'hymen l'avoit unie.

Il ne manquoit plus à Pâris que le bonheur de retrouver Œnone.

Si quelque chose pouvoit suspendre le cours de ses ennuis sécrets, c'étoit le bonheur dont il voyoit déjà jouir ses compatriotes, dans la nouvelle retraite où le destin les avoit conduits, & la tendre amitié qui l'unissoit à la sensible Méris; car ce n'étoit qu'avec elle & Cébren que son cœur s'épanchoit librement.

Bientôt cette même amitié, cette vertu des belles ames, unit Gallie à Plaucée. Cette jeune Princesse au jour de sa naissance, avoit été douée de toutes les graces & de tous les talens; instruite par sa mere elle-même, elle excelloit sur-tout dans l'art du crayon & de l'aiguille: tandis que son auguste époux s'occupoit au-dehors du bonheur de ses peuples; entourée de ses femmes, dans l'intérieur de son palais, elle traçoit sur des toiles, les fêtes superbes, dont Fétisse avoit honoré l'arrivée de Francus en ces contrées, & leur heureux hymen; mais plus fortunée que Pénélope, après avoir passé le jour dans ces douces occupations, le soir lui ramenoit son époux, toujours plus sensible & plus tendre: les Dames du palais à son exemple, animoient ces toiles avec l'or, la laine & la soye; ces utiles amusemens n'étoient pas alors indignes d'occuper les plus grandes princesses; ce ne fut que longtems après que la mode

& la futilité, inconſtantes Déeſſes, arracherent de leurs foibles mains l'aiguille & le fuſeau, pour y ſubſtituer l'inutile navette.

Un ſoir que la Cour s'étoit raſſemblée chez la Reine, après que les vieilles eurent raconté quelques anciennes hiſtoires des hauts faits de la puiſſante Fétiſſe, Pariſis à la prière de Plaucée, s'acquitta envers les Troyens du récit de ſes aventures, depuis ſon départ de Vaucluſe.

Francus loua le courage des Pariſéens, & les efforts qu'ils avoient faits pour remonter le Rhodanium, admira l'induſtrie des Lugduniens, & ſe propoſa de faire alliance avec eux. Tous les cœurs furent touchés des dangers qu'avoit courus le fils d'Œnone ſur l'Arare, ainſi que chez les Longhoniens, & il n'y eut perſonne qui ne prît le plus vif intérêt à ſon ſort. Plaucée n'en fut que plus tendrement attachée à l'aimable Gallie, dont le maintien modeſte & les graces naïves charmoient les plus indifférens.

Pâris invité de raconter à ſon tour, ce qui lui étoit arrivé dans les différens pays qn'il avoit parcourus depuis qu'il avoit quitté ſon fils, s'en acquitta ainſi.

Réſolu de connoître ces vaſtes contrées promiſes à ma poſtérité, dans l'eſpérance d'y apprendre quelques nouvelles d'Œnone, & ne voulant pas expoſer ſes chers enfans, trop jeunes encore, aux dangers d'un voyage ſi pénible, je m'échapai à la faveur des ombres de la nuit, avec Frivolidès, Hyppoménis & Locuplès.

Au ſortir de Vaucluſe, nous viſitâmes d'abord les Rhodaniens, qui ont donné leur nom au Rhodanium. Ce peuple, originaire de l'iſle de Rhodes, eſt le premier qui ait abordé en ces climats: delà nous paſſâmes chez les Némauſiens, peuples moux & efféminés, qui mépriſant le commerce & le travail, daignent à peine prendre quelque ſoin de leurs troupeaux & de leurs terres; auſſi, quoique répandus dans une contrée des plus fertiles, ils languiſſent demi-nuds, ſous de ſimples cabanes de roſeaux, privés des choſes les plus néceſſaires à la vie. De nonchalantes Néreïdes, plus foibles que délicates, ſont venues elles-mêmes chercher ces étrangers. Mais inconſtantes dans leur goût, elles paſſent de l'un à l'autre, ſans s'attacher à aucun. Frivolidès y fut accueilli, fêté de toutes les femmes, on ſe l'arracha; Hyppoménis & moi, méritâmes à peine leur attention: excepté l'Amour, les Dieux ſont généralement aſſez mal ſervis en cette contrée; nous ne trouvâmes chez ce peuple qu'un petit temple ruſtique, encore etoit-il dédié à la débauche.

Nous nous hatâmes de quitter ces cantons, & continuant notre route, nous marchâmes aſſez long-tems ſans rencontrer aucune trace d'homme; enfin du haut d'une petite coline parcourant le cercle de l'horiſon, nous découvrîmes une étendue immenſe de forêts, coupée de quelques langues de terre, qui nous parurent cultivées. Un ſentier oblique & étroit, nous conduiſit dans une petite prairie plantée de ſaules, parmi leſquels ſerpentoit un ruiſſeau; à côté s'élevoit un vaſte rocher, dont les flancs creuſés par la nature, ſembloient tenir quelque choſe de l'art: des fleurs champêtres en tapiſſoient l'entrée; une vigne ſauvage en couronnoit le faîte: en jettant un coup d'œil dans l'intérieur, j'entrevis des eſpèces de ſiéges taillés dans le roc, & ſur une table faite d'un tronc d'arbre, un livre & un pot de terre.

Ma vue encore frappée du grand jour, ne pouvoit pénétrer plus avant; mais bientôt à la faveur d'un foible rayon de lumière qui perçoit à travers une fente du rocher, je haſardai de m'introduire dans l'intérieur. Quel fut mon étonnement, lorſque je découvris un Vieillard expirant, couché ſur des nattes!

» Qui que tu ſois, me dit-il, en me tendant la » main, approche, & viens fermer les yeux d'un

» infortuné, déjà mort depuis longtems à ſa patrie,
» à ſes amis, & à tout l'univers.

Mes ſens ſe glacent dans mes veines, j'avance, je m'incline vers cet inconnu, dont le triſte ſort me pénetre. J'oſe l'interroger à mon tour; il me dit d'une voix que j'entendois à peine, qu'il eſt Égyptien, & l'une des victimes d'Aniſus; que retiré dans ces déſerts, & mépriſant trop les hommes pour daigner encore vivre avec eux, il s'eſt refugié ſeul ſous ce rocher.

Attendri ſur le ſort de l'infortuné Andusès, car c'étoit lui-même, je promis de ne le point quitter que ſa ſanté ne fût rétablie. Il en parut étonné, & pénétré de reconnoiſſance; je lui préſentai mes amis, il les reçut avec bonté; inſenſiblement nos ſoins le ramenerent à la vie; il nous parla avec enthouſiaſme du règne du grand Séſoſtris, de ſes ouvrages immortels, de ſes conquêtes, de ſes vertus, & finit par déplorer le malheur de l'Egypte ſous ſes derniers maîtres.

Pour répondre à la confiance de ce ſage vieillard, je lui fis part des deſtinées qui m'étoient promiſes, & du deſſein où j'étois d'apprendre & de faire goûter, aux mortels répandus dans ces déſerts, le bonheur de la ſociété.

» Que dis-tu, malheureux? s'écria-t'il avec

» vivacité : te préservent les Dieux d'une semblable entreprise ! Ne sais-tu donc pas que c'est à cette société tant vantée que tous les vices doivent leur origne ? Dans l'enfance du monde les hommes, errans dans les forêts, ne se sont point disputés leur ombrage ; la dépouille des animaux leur suffisoit pour les couvrir ; le courant d'un ruisseau pour les désaltérer, & les fruits de la terre pour les nourrir. C'est la fureur d'opprimer leurs semblables qui réunît les premiers brigants, qui arma leurs mains sanguinaires : ce ne fut que pour se soustraire à leur férocité que leurs freres, moins inhumains, furent forcés de se rassembler pour se défendre ; de ceindre leurs cabanes de fossés profonds, de solides murailles, & de former entre eux des alliances. La véritable innocence n'appartient qu'à l'homme sauvage : cette molle éducation ; ces arts, futiles enfans du luxe & de la molesse, dont on parle avec tant de faste en Asie & en Egypte, ont corrompu, affoibli, énervé le genre humain ; ils n'ont fait qu'augmenter ses miseres en multipliant ses besoins. Ce sont ces arts & ces sciences mêmes qui, sous le vain prétexte d'étendre leur esprit, lui ont fait excéder les bornes que les Dieux lui avoient prescrites, & qui, en

» les invitant à tout pénétrer, à tout connoître, » après avoir éveillé en eux les passions encore » endormies, ont ouvert la porte à tous les cri- » mes.

Je voulus insister sur le bonheur d'arracher des Barbares à leurs rochers, de faire, de ces déserts, une autre Asie, de voir cent villes fameuses sortir de dessous l'herbe & se peupler d'un million d'hommes. Je les lui montrai rassemblés dans des temples &, pénétrés de reconnoissance, chanter les bienfaits des Immortels. Je lui peignis les inconvéniens de la loi du plus fort, & qui seule règnoit dans l'Etat de Barbarie. Je lui représentai l'abandon total de ces infortunés, qui meurent sans secours dans une vieillesse malheureuse, que nulle tendre épouse, nul enfant chéri ne soulagent dans leurs maux. Je lui fis voir ces barbares tombant dans leurs forêts, ainsi que de vieux chênes, sans qu'aucun de leurs semblables prenne intérêt à leur sort. J'allois même ajouter, en soupirant, qu'il en faisoit la cruelle expérience, lorsque ce vieillard indigné, m'interrompant avec vivacité :

» Quel est-tu donc, me dit-il, pour oser for- » mer une entreprise si hardie?

» On m'appelle Pâris, lui dis-je, en baissant la

» voix.... je ſuis fils de Priam. Quoi! ce jeune » inſenſé, reprit-il, cet imprudent qui, pour une » femme perdue, a cauſé le malheur de l'Aſie? » C'eſt lui qui peut former un tel projet? Quelle » furie engagea ton pere à retenir dans ſon Palais » cette parjure étrangère, malgré ſon époux & » vingt Rois armés pour la ravoir? lui qui devoit » ſe joindre à eux pour la chaſſer de ſes États! » Il me ſouvient encore de t'avoir vû en Egypte, » au retour de cette fatale expédition: j'étois alors » Miniſtre de Protée: je vis naître ſon fol amour » pour cette volage Lacédémonienne qu'il vouloit » te ravir: j'en prévis les ſuites funeſtes, & favoriſai » ſous main ta retraite, pour écarter de ma patrie » le flambeau de la guerre que tu portois au ſein » de la tienne; Troyes eſt cachée ſous la cendre, » & les tours de Memphis menacent encore les » nuës; cependant tu vois le prix dont ce ſervice » fut payé: mais j'étois citoyen, j'aimois mon » maître, & m'applaudis encore, en expirant, » d'avoir fait mon devoir.

Il expira, en effet, quelques inſtans après; nous lui creuſâmes un tombeau que nous couvrîmes d'un rocher, & ſur lequel je gravai de ma main le nom de cet illuſtre Egyptien.

Après nous être acquittés de ces pieux devoirs,

nous continuâmes notre route du côté des Montpeléens (*). Cette peuplade eſt compoſée d'une eſpèce d'enchanteurs dont la tête ſe trouve enſevelie dans une épaiſſe chevelure étrangère. Leur langage eſt un jargon particulier, auſſi barbare qu'inintelligible, deſcendu du grand Eſculape ; ils tiennent, diſent-ils, dans leurs mains, & les ſecrets des Dieux, & le fuſeau des Patques.

Curieux de connoître un peuple ſi ſingulier, & bien réſolu de n'accepter aucun de ſes préſens, je haſardai de me rendre au Montpellé ; mais mon imprudence faillit me coûter la vie, ainſi qu'à mes compagnons.

Deſcendus dans la plaine, toutes les plantes, les arbres & les arbuſtes nous y parurent d'une eſpèce juſqu'alors inconnue à nos yeux ; Hyppomenis prétendit qu'elles n'étoient pas nouvelles pour lui, & nous en dit ſuperficiellement quelque propriété. L'air n'y étoit point embaumé, comme ſur les rivages de la mer, des douces odeurs de l'oranger, de la roſe & du jaſmin : celles que l'on reſpire en ces lieux ſont ſi fortes que j'eus peine à les ſoutenir. Nous voulûmes goûter aux diffé-

(*) Les premiers habitans de Montpellé, aujourd'hui Montpellier.

rens fruits qui s'offrirent à notre vue ; mais les uns, par une douceur fade, ne nous inſpirerent que du dégoût, & l'amertume des autres nous révolta.

Bientôt une ſombre vapeur vint obſcurcir mes yeux : mon ſang bouillonna dans mes veines ; il s'éleva dans mon cerveau des phantômes de toute eſpèce. Je me crus ſur le mont Ida ; j'y voyois encore les Déeſſes attentives à mon jugement : l'inſtant après j'étois à Sparte aux pieds d'Hélène : je vis les Dieux conjurés contre moi, & Ménélas, ſuivi de vingt Rois, venir me redemander ſon épouſe ; Hector, mourant, attaché au char de ſon vainqueur ; Priam tomber ſous le fer de Pirrhus ; Troyes réduite en cendres, & mes ſœurs en captivité. J'allois périr enfin, à la vue de ces affreux tableaux, lorſqu'un ſecourable ſommeil me déroba tout-à-coup à ces horreurs.

A mon réveil, par un ſurcroit d'enchantement, je vis auprès de moi une femme qui, ſenſible à mes peines, m'offroit ſes ſoins généreux. C'étoit l'Eſpérance, qui ranima mes forces preſque éteintes ; qui me dit que depuis l'inſtant où tous les maux, renfermés dans la boëte de Pandore, s'étoient répandus ſur la terre, ils s'étoient, pour la plûpart, ſixés dans ces contrées, où elle les avoit ſuivis pour conſoler & ſoutenir leurs déplorables victimes. Je priai la Déeſſe de me rendre à mes amis que je ne voyois plus; elle me les montra, à quelque diſtance de là, accablés de mille infirmités, & ſi défigurés, que j'eus peine à les reconnoître. Frivolidès, ſurtout, me frappa par la ſingularité du mal dont il étoit atteint; ce n'étoit plus ce jeune préſomptueux à la démarche fière, au teint fleuri, au propos agréable & léger, triſtement étendu ſur un gazon deſſéché, dans un morne ſilence, l'œil totalement éteint, avec ſa chevelure éparſe à ſes côtés, le teint pâle, livide, & le corps décharné; je ne crus voir en lui que le plus dégoûtant des cadavres.

Je détournai les yeux de ce ſpectacle; l'Eſpérance me conſola, & me promit que ces infortunés me ſeroient rendus des mains de la Santé.

Pénétré de la plus vive reconnoiſſance, il me ſembla qu'inſenſiblement je reprenois un nouvel être; mes yeux ſe rouvrirent à la lumière; les nuages qui les couvroient ſe diſſiperent; mes jambes ſe raffermirent, & l'Eſpérance, en me prenant par la main, me fit voir comment les crédules ſauvages des contrées voiſines, aveuglés par les preſtiges de la ſéduction, arrivoient en foule de toutes parts.

Les Montipeléens, dit-elle, ont l'art de leur perſuader que la Mort même reſpecte leurs arrêts, qu'elle précipite ou retient ſes pas à leur gré; tandis que, vils eſclaves de cette redoutable Déeſſe, & condamnés à porter ſa lugubre livrée, il ne leur eſt permis d'habiter les triſtes avenues de ſon Empire, qu'à condition de lui livrer chaque année un certain nombre de victimes: hélas! ils ne rempliſſent que trop bien leur funeſte engagement. Car la Guerre, à l'œil farouche, au cœur de fer, ne moiſſonne pas plus de mortels que ce peuple d'enchanteurs.

Je n'eus pas fait cent pas qu'un vaſte édifice preſque en ruine, croulant de toutes parts, & ſoutenu par de foibles étaies, s'offrit à ma vue: tous les maux réunis en aſſiégent les portes; des cris lamentables, de longs gémiſſemens retentiſſent de toute part. Je m'avance en tremblant; les maux me ſuivent; un monſtre s'approche & ſouffle autour de moi un air qui m'infecte & m'accable.

» C'eſt ici, me dit l'Eſpérance, qu'il faut » rappeller ton courage à ce viſage pâle & livide, » à ces joues tirées, à cet air abbattu, à ces » yeux où ſe peint le ſombre déſeſpoir; recon-

» nois la maladie. Ces ſiniſtres Montipeléens, » qui compoſent ſon cortége, vont t'offrir, contre » elle, leurs ſecours; mais le bandeau qu'ils ont » ſur les yeux t'annonce tout ce que tu riſques. » Si leurs coups, lancés au hazard, atteignent la » maladie, ils t'en délivreront: les évite-t'elle? » je te vois victime de la mort qui marche ſur » leurs pas,

O, puiſſante Minerve! c'eſt toi, ſans doute, qui, me couvrant de ton égide, me fis éviter ce danger.

Toujours conduit par l'Eſpérance, je pourſuivis ma route au milieu des cris lamentables qui continuoient de frapper mon oreille, & glaçoient tous mes ſens.

J'avance, & je découvre les ſombres routes d'un bois de ciprès, que d'épais nuages couvrent de leurs ombres; l'herbe d'alentour, jaune & deſſéché, y périt de langueur; nul ruiſſeau ne la rafraichit de ſon onde bienfaiſante; l'air empoiſonné qu'on y reſpire, pénètre tout ce qui oſe en approcher. Les oiſeaux carnaciers planent dans la nuë, en attendant leur proie, & tombent eux-mêmes frappés de l'odeur de mort, ſur les corps expirans dont ces plaines déſolées ſont couvertes.

Ce

Ce ſpectacle effrayant jette le trouble dans mon cœur ; une ſueur froide s'empare de tous mes membres ; mon ſang ſe glace ; mes forces m'abandonnent, & mes jambes tremblantes ſe dérobent ſous moi : je tombe accablé ſur mes Compagnons expirants ; je crus que la mort fermoit mes yeux pour jamais ; ce n'étoit que Morphée qui les couvroit de ſes pavots ; bientôt les ſonges attachés à ſon char s'emparent de mon ame ; les traits qu'ils y ont tracés y ſont demeurés ſi profondément gravés, que je ne les oublierai jamais.

Croyant continuer ma route, tremblant, je porte autour de moi des regards effrayés ; nul être vivant ; les arbres dépouillés de leur verdure, n'offrent que la triſte image d'un hiver éternel. J'avance en frémiſſant ; j'oſe franchir les barrières d'un palais affreux tendu de voiles funèbres. Là, ſous de ſombres voûtes éclairées par une lampe ſépulcrale, règne une Divinité décharnée, ſquelette épouvantable ſortant d'un tombeau entr'ouvert, & traînant après ſoi des lambeaux de linceuls déchirés. Je la vois encore qui s'avance vers un trône de fer, à la pâle lueur d'un flambeau qui s'éteint, c'étoit la redoutable Mort.

J'allois ſans doute expirer d'effroi, lorſque ſa voix ſiniſtre fit entendre ces mots.

» Ne crains rien Pâris, ta vie, fatale au genre » humain, me fut jusqu'ici trop précieuse, pour » en abréger le cours! reste, reste encore parmi » les mortels; & puisses-tu dans ces climats où le » sort t'a jetté, renouveller une seconde Troye! » que ton Hélene n'a-t'elle suivi tes pas! que les « Grecs ne sont-ils venus avec toi sur ces rivages, » la flâme & le fer à la main! à leur défaut, cours » désoler ce nouvel hémisphere; tes jours seront » ici respectés; sois la dernière victime qui me soit » immolée : né mon sujet, connois toute ma puis- » sance; la terre entière est mon empire : vaste » séjour de deüil, par-tout chargée de tombeaux, » d'emblêmes, de trophées funèbres, nul être n'y » respire qui ne medoive en tribut ce qu'il a de plus » cher, sa vie : tout mortel y foule sous ses pas la » cendre de ses ancêtres, en attendant que la sienne » le soit par ses enfans.

» Que la flatteuse espérance, qui borne d'ordi- » naire ici ses courses, & dont l'empire finit où le » mien commence, te suive encore; j'y consens. » Je lui permets de te conduire au temple du » Destin que l'on découvre d'ici. C'est-là que les » ames immortelles, après avoir erré sur ces riva- » ges, demeurent jusqu'à ce que le tems les fasse » entrer dans d'autres corps pour les animer.

En finiſſant ces mots, l'implacable Déeſſe ſe rejette dans ſon tombeau, s'enveloppe de ſes linceuls, & me laiſſe ſaiſi d'un mortel effroi.

J'ai vû la mort me pourſuivre dans les combats, je l'ai vûe comme une furie attachée à mes pas, cette nuit funeſte qui vit tomber Illion; cent fois ſa main fut levée ſur moi; mais jamais elle ne me parut ſi terrible, que lorſque je la vis ſeul à ſeul, & ſuivie du lugubre cortège qui l'environne: non, ceux qui ne l'ont vû qu'au champ de l'honneur, ſuivie de la gloire & dans le tumulte des armes, ne la connoiſſent pas.

» Suis-moi, me dit l'Eſpérance, voyons ce que » deviennent ces ames; voici le temple du Deſtin; » il eſt ouvert; profitons du moment.

J'oſe y entrer à la ſuite de la Déeſſe. Le premier qui frappa ma vue, eſt un vieillard chargé d'années, mais droit, robuſte & vigoureux: à ſa tête demie-chauve. à ſa longue barbe, à ſes aîles & à ſa faulx, je reconnus le Tems; il étoit ſuivi des Heures, des Jours, des Mois, des Années, & de la ſage Expérience, qui tous couroient après la Vérité, que le Tems atteignit enfin.

» Où cours tu téméraire, me dit-il d'un air » menaçant, qui peut te rendre aſſez audacieux » pour oſer pénétrer juſqu'en ces lieux inaceſſibles

» aux Dieux même? Mais que vois-je, l'Espé-
» rance t'accompagne! Je la reconnois à ce verre
» imposteur, dont elle grossit les objets aux yeux
» de ses crédules adorateurs. Garde toi de céder
» aux illusions de cette trompeuse Déesse, qui
» promet toûjours, & qui presque jamais ne réa-
» lise ses promesses. Les uns, sur sa parole, se pré-
» cipitent dans les combats, pour je ne sais quel
» fantôme de gloire, ou bravent le plus perfide
» des élémens sur un fréle vaisseau, comme si leur
» vie n'étoit pas un présent des Dieux; d'autres,
» courant après de vains honneurs, quittent sans
» regret leur famille, & les champs de leur pere,
» pour aller ramper servilement dans les Cours; &
» toi-même, n'ètoit-ce pas l'espérance du bonheur
» que tu cherchois dans la possession d'Hélene?
» n'étoit-ce pas ce chimérique espoir qui t'a perdu?
» qui causa les malheurs de ta déplorable patrie?

» Mais, c'est elle aussi, lui répondis-je, qui a
» conduit Hercule & Bachus dans leurs plus glo-
« rieux travaux. C'est elle-même encore, qui,
» pour revoir ma chere Œnone, m'a fait traverser
» tant de mers & de vastes contrées.

» Crois-moi, reprit le Tems, je sais tout, j'ai
» tout vû, j'ai tout fait; laisse cette frivole Déesse
» chez les Montipéléens; c'est-là que l'espérance

» eſt néceſſaire, pour adoucir les maux devenus
» ſans remedes; ſuis moi.

A ces mots, il m'entraîne aux pieds du Deſtin.
» O toi, lui dis-je, à qui rien n'eſt caché, daigne
» m'apprendre ce que c'eſt que notre ame, & ce
» qu'elle devient après la mort.

Il me répondit, que l'homme étoit un composé de terre, d'eau, de feu & d'air; que c'étoit par l'aſſemblage de ces élémens, que ſe formoient nos corps, & par leur déſunion qu'ils ſe détruiſoient. Que notre ame étoit une portion de la Divinité, ou plutôt de cette grande ame univerſelle du monde, qui anime l'univers entier, les élémens, l'homme & tous les animaux; que ſelon les différentes diſpoſitions de la matière à laquelle elle étoit unie, elle reſſentoit la joie, la triſteſſe, l'amour, la haine, l'ambition, enfin toutes les paſſions; que l'ame au ſortir de ſa priſon, alloit ſe purifier dans les enfers, ſe baigner dans le Lethé, & que Mercure la ramenoit enſuite au temple du Deſtin, attendre le nouveau ſort qui lui étoit préparé.

L'intérieur du temple s'ouvrit alors, & ma vue trop foible, ne put embraſſer l'immenſité de cet édifice. D'énormes colonnes de bronze, dont la ſuite ſe perdoit dans un vaſte lointain, en ſoutenoient les ceintres. Au milieu de l'édifice, s'élevoit un autel de fer, ſur lequel le Dieu étoit appuyé, un bandeau ſur les yeux; ſous ſes pieds étoit le globe de la terre; dans ſes mains une urne, des clous de diamant, & des chaînes d'airain.

A ſa voix redoutable, je crus voir les ames ſe placer dans des cazes tranſparentes, diſpoſées le long des immenſes tablettes, dont les côtés du temple me parurent remplis juſqu'au faîte, & dont chacune portoit les noms des différens corps que l'ame avoit occupés, ainſi que les noms de ceux qu'elle devoit encore animer.

Celles des Souverains étoient placées dans une brillante travée. On y diſtinguoit les bons & les mauvais Rois envoyés aux Nations, pour les récompenſer ou les punir.

Deſtiné à devenir le fondateur d'un grand empire, je priai le Tems d'écarter le voile qui me cachoit les ſiécles futurs, & les ames de mes ſucceſſeurs.

» L'empire qui t'eſt promis, me dit le Dieu, » ſera ſujet aux révolutions qu'ont éprouvé les » autres. La barbarie, ancienne ſouveraine des » contrées où tu dois règner, combattra longtems » pour y perpétuer ſa puiſſance. Envain tu croiras » l'en chaſſer; toujours cachée dans quelque coin » de ces vaſtes déſerts, ſous différentes formes,

» plus de mille ans s'écouleront, avant qu'on » puisse en triompher.

» Après nombre de Souverains du sang Troyen, » succédera l'empire des Druides, jusqu'au mo- » ment qu'un descendant d'Énée, le viendra sou- » mettre à ses loix. Ce conquérant, que l'on » appellera *César*, aura l'ame d'*Hector*. C'est sous » Tibere, l'un de ses successeurs, que ces mêmes » Druides, enfin chassés des Gaules, verront leurs » bois sacrés dévorés par les flâmes.

» Je vois, continua le Dieu, sortir de cette caze » éclatante, l'ame de ton fils Parisis, & animer le » grand Clovis. C'est alors que la barbarie chassée » des Gaules, se refugiera pour jamais, sur les » monts glacés du nord; il vaincra les Ger- » mains, & réduira les Armoriques. L'ame de la » tendre Gallie, animera la pieuse Clotilde; mais » avant ces événemens, ils auront bû dans le » Lethé; le souvenir de leur première félicité, sera » banni de leur mémoire.

» Vois dans le plus grand éloignement, cette » foule de Rois, qui né de trois illustres races, » feront retentir l'univers de la gloire des Lys.

Curieux de savoir ce que deviendroit mon ame, je m'approchai, & vis sur la caze où elle devoit retourner un jour, plusieurs noms qui me sont échappés ; celui de Henri (1), que le Tems me fit remarquer plus particulièrement, eſt ſeul demeuré dans ma mémoire.

» Ce héros, me dit-il, ſera le pere de la patrie » & l'amour de ſes ſujets ; ainſi que toi, il aura ſes » foibleſſes & ſon Hélene. Gabrielle en aura tous » les charmes ; mais le ſceptre de l'amour dépoſé » dans ſes mains, n'étendra ſon empire que ſur les » plaiſirs de ſon amant ; Anet ne ſera éclairé que » du flambeau du fils de Cypris.

Près de là & rangées par claſſes, étoient les ames deſtinées aux Nations de l'Europe, eû égard à leurs différens caractères ; il y en avoit de légères, de folâtres, de graves, de réfléchies, de mélancoliques, & de péſantes.

Venoient enſuite celles des Savans, des Philoſophes, & des gens de Lettres.

Le Tems m'aſſura qu'un grand nombre de ces ames paſſant dans les Gaules, les illuſtreroient un jour. Je voulus les mieux connoître ; mais en les couvrant tout-à-coup de ſes aîles ; » garde toi, me » dit-il, de tourner la vue de ce côté : ces ames » orgueilleuſes, ne veulent pas être examinées de » ſi près ; leur manie eſt de croire, que diſtinguées

(1) Henri IV.

» de la foule, elles ſont honorées d'une exiſtance » particulière.

J'allois tourner mes pas d'un autre côté, lorſqu'un ſpectacle nouveau m'attira vers la porte orientale. C'étoit Mercure, qui ramenoit des enfers une troupe d'ames, après leur avoir fait paſſer le fleuve d'Oubli, & je les vis placer dans les différentes cazes, qui dans ce moment étoient vuides.

C'eſt le Deſtin lui-même qui ſe fait une ſorte d'amuſement de cet emploi; mais malheureuſement privé de la vue, il en réſulte mille erreurs. Je vis, par exemple, l'ame d'un mortel ordinaire, paſſer dans la caze des Rois; & celle d'un Militaire, tomber dans la travée des diſciples de Thémis.

C'eſt ſans doute de là, me dis-je intérieurement, que tel qui devroit obéir commande; que les ames les plus ſublimes, ſe trouvent ſouvent chez les plus ſimples mortels; qu'il en eſt enfin tant de déplacées! Mille réflexions ſur ce ſujet ſe préſentoient à mon eſprit, & j'en allois faire part au Deſtin.

» Arrête téméraire, me dit-il d'une voix tonnante; reſpecte des ſécrets cachés aux Divinités » mémes.

Tout diſparoît alors, & je me trouve au pied de

la montagne des Montipeléens, à côté de mes Compagnons; étonnés de mon profond ſommeil, ils me croyoient déjà la victime de quelqu'enchantement.

Profondément occupé d'un ſonge, fait pour n'être jamais oublié, je continuai avec eux notre route en cotoyant la mer.

Nous viſitâmes les Narbiens, peuple venu de Tyr, le premier qui pénétra dans ces contrées, ſous la conduite de Narbon & du ſage Druis, philoſophe le plus accrédité de ſon tems; ſes diſciples prirent le nom de Druides; mais à la mort de leur maître, peu ſatisfaits de Narbon qui vouloit dominer ſur eux, ils préférerent la liberté d'une vie errante dans le fond des forêts.

Plus inſtruits que ces peuples groſſiers, ils entreprirent de les gouverner par la crainte des Dieux, dont ils leur prouverent l'exiſtance par l'excellence de leurs ouvrages, & par le ſpectacle de l'univers, dont ils leur dévoilerent les reſſorts. Ils établirent un culte religieux, & des fêtes miſtérieuſes qu'ils célèbrent encore dans l'ombre épaiſſe des bois. Ce ſont eux, qui les premiers apprirent aux Sauvages, que lorſque l'homme meurt, ſon ame lui ſurvit, & paſſe au temple du Deſtin. Le ſoin qu'ils prirent de terminer les différens qui naiſſoient entr'eux ; la connoiſſance qu'ils avoient des plantes & des ſimples, par le moyen deſquelles ils les guériſſoient de leurs maux, contribuoient ſur-tout à leur attirer la confiance & la vénération publique.

Comme ils parurent d'abord négliger leurs propres affaires, ces peuples, naturellement bons, ſe chargerent par reconnoiſſance, de leur procurer toutes les choſes néceſſaires à la vie ; ils leur bâtirent des cabanes, les nourirent de leurs fruits, & les défendirent contre leurs ennemis.

Telle eſt l'origine de ces Druides, dont vous avez auſſi adopté les rits. Vous voyez, cher Francus, qu'ils ſe conduiſent encore ici ſur les mêmes principes. Il en eſt de même de tous ceux que j'ai eû occaſion de voir dans le cours de mes voyages ; établis ſur ces fondemens ſolides, où n'arrivera point un jour leur puiſſance ?

Non loin des Narbiens ſur le bord de la mer, eſt la bourgade de Leucate, au pied d'une roche eſcarpée ; elle eſt défendue par un vaſte étang du côté des terres. Ce ſont des Phocéens (1), venus de la Phocide, qui forment ce nouvel établiſſe-

(1) Ces Phocéens étoient Grecs d'origine, & différens de ceux qui fonderent Marſeille.

ment, déjà considérable; j'appris même que le plus grand nombre des habitans de cette colonie, étoit parti pour la conquête de Delphes avec les Tectosages, peuple nouveau de ces contiées, qu'on avoit armé pour la première fois.

Au nombre de vaisseaux de toute espèce que je vis dans le port, & à l'affluence des étrangers, je jugeai que cette Colonie faisoit un commerce considérable; & sur ce qu'on nous dit que les naturels du pays, toûjours attachés à la simplicité de leurs anciennes mœurs, s'étoient rétirés plus avant dans les terres; curieux de connoître ces mortels fortunés, nous nous remîmes en route, & tournâmes du côté du couchant: après quelques jours de marche, Hyppoménis découvrit le premier du haut d'une coline, des terres cultivées, des habitations simples, mais agréables, & sur-tout de nombreux troupeaux; je crus voir les heureuses valées de Thessalie, & les fécondes plaines de Tempé; le laboureur, sûr d'en recueillir les fruits, cultivoit la terre avec joie; sa fidèle compagne l'encourageoit dans ses travaux, & lui préparoit un repas frugal, en se jouant au milieu d'une troupe d'enfans, doux fruit de leur tendresse,

Les bergères couronnées de fleurs, formoient sous les yeux de leurs meres, des danses légères à l'ombre des ormeaux; tandis que les vieillards de l'un & l'autre ſexe, ſpectateurs de ces ſcènes intéreſſantes, étoient aſſis ſur des gaſons diſpoſés en cercles; reſpectables par leur âge, ils étoient encore les conſeils & les dieux tutélaires de ce peuple fortuné: hélas, diſois-je en ſoupirant, je jouiſſois d'un pareil bonheur ſur le mont Ida avec ma chere Œnone, au milieu de la reſpectable famille de Cébren.

La vue de quelques étrangers n'effarouche point ces heureux mortels; incapables de nuire, ils ignorent que leurs ſemblables en ayent la puiſſance: on nous entoure, on nous offre des fruits, on nous conduit ſous des feuillées charmantes, ſans nous demander ni qui nous ſommes, ni d'où nous venons, ni où nous prétendons aller; il ſuffit que nous ſoyons des hommes, pour mériter d'être accueillis.

Leurs cabanes ſimplement environnées d'arbres touffus, ſont ſans clôtures, & leurs terres ſans limites; cultivées en commun, chacun en partage les fruits.

Des meules immenſes en forme de pyramides, répandues par-tout dans les campagnes, ſont toutes leurs richeſſes; chaque année les voit diſparoître & ſe renouveller; elles ne ſont point comme en Égypte, la honte des Rois qui les ont cimentées du ſang de leurs ſujets. Là ces monumens champêtres, loin de coûter la vie à des millions d'hommes, nouriſſent chaque jour les mains qui les ont élevés.

On ne voyoit dans ce pays que trois états, les Bergers, les Laboureurs & les Chaſſeurs, appellés Tectoſages; pouvoit-il y en avoir d'autres, où l'on ne connoiſſoit de beſoin que ceux de la nature? elle leur avoit appris qu'ils étoient faits pour vivre en ſociété; elle les avoit réunis ſous un Chef reſpectable, nommé Galatès, & en étoit reſtée là.

L'amour & l'amitié étoient les ſeules divinités de ces peuples heureux; ces Dieux étoient adorés dans de petits temples ruſtiques, au fond d'une antique forêt. Je m'y rendis un jour que la peuplade aſſemblée, y offroit un ſacrifice pour le retour du jeune Toloſis, fils de Galatès; il avoit ſuivi les Leucates à Delphes avec ſes Tectoſaſages (1): la victime étoit offerte par les mains innocentes de la jeune Toloſine ſa ſœur, qui touchoit à cet âge heureux, où le cœur ouvert aux premiers déſirs, ſent le beſoin d'aimer. Après avoir ſacrifié à l'A-

(1) Voyez Juſtin, livre 32.

mitié pour ſon frere, elle alla bruler ſon premier encens ſur l'autel de l'Amour.

Ce Dieu n'étoit point ce dangereux enfant, ce fléau de l'univers, qui, le bandeau ſur les yeux, ne ſe plaît qu'à déchirer les cœurs; ce n'étoit point ce furieux qui me livra Hélene, & qui riant de mes malheurs futurs, ſecoua ſon funeſte flambeau ſur les murs infortunés de ma triſte patrie; l'Amour dans ce canton, étoit le dieu de la franchiſe, le pere de l'aimable volupté, du bonheur & de la paix; c'étoit cet Amour ſenſible & tendre, qui loin du tumulte des villes, règne ſur de ſimples bergers, qu'il gouverne avec un ſceptre de roſe; c'étoit enfin ce même Amour, qui m'avoit le premier enflâmé pour Œnone, au printems de mon âge; je le reconnus aux tendres mouvemens que mon cœur éprouva en approchant de ſon autel.

Mais, ô prodige! la ſtatue de ce Dieu ſemble tout-à-coup s'animer; elle pouſſe de longs gémiſſemens; des larmes coulent de ſes yeux, & d'une voix mourante, elle articule ces mots: *mon règne expire!*

Au même inſtant la terre tremble, la foudre gronde, éclate, & frappe la ſtatue, que la terre ouverte engloutit.

Chacun vole au temple de l'Amitié, il n'en

restoit aucun vestige ; des cris affreux se font entendre du côté de la montagne ; le peuple consterné, n'y voit qu'un grand nombre de gens armés.

C'étoient les Tectosages, qui sous la conduite de Tolosis, revenoient vainqueurs avec ceux de Leucate de l'expédition de Delphes, chargés d'or & de richesses ; victoire trop funeste, qui bientôt changea les mœurs de ces contrées.

LIVRE CINQUIÉME.

PARIS, ſollicité par Francus & par toute l'aſſemblée, de conter le ſujet de la guerre de Delphes, & la révolution qui ſuivit le retour des Tectoſages, continua ainſi.

A peine les Phocéens, établis à Leucate, avoient quitté leur patrie, que ceux de Delphes, voyant leurs voiſins affoiblis par cette émigration, entrèrent chez eux à main armée, au mépris des traités qu'ils venoient de renouveller. Les Leucatiens n'en furent pas plutôt inſtruits, qu'indignés de l'infidélité de ce peuple perfide, ils réſolurent, non-ſeulement d'aller au ſecours de leurs compatriotes, de leurs amis, de leurs freres, mais même d'y mener tout ce qu'ils pourroient raſſembler de Sauvages capables de porter les armes.

Les Tectoſages, qui habitoient le pied des Pyrenées, leur parurent les plus propres à cette importante expédition; la plûpart d'entre eux, chaſſeurs déterminés, paſſoient leur vie à ce pénible métier, l'image de la guerre: les autres habitans de ces contrées, plus ſimples & plus timides, n'oſoient même encore répandre le ſang des victimes ſur les autels de leurs Dieux pacifiques; ils ne leur offroient que les prémices des fruits dont ils vivoient eux-mêmes à l'ombre de leurs paiſibles forêts.

Il fut donc queſtion de tirer ces peuples de leur patrie pour les tranſporter au-delà des mers, ce qui n'étoit pas facile. Cratès, l'un des plus éloquens de ſon tems, fut chargé de cette négociation délicate: il les trouva raſſemblés ſous des tentes, célébrant la fête de Diane, & lui offrant en ſacrifice un ſanglier furieux, que Toloſis venoit de terraſſer. Cratès, accueilli avec humanité, fut placé à côté des vieillards; &, le ſacrifice achevé, il implora le ſecours de ce peuple.

La bouillante jeuneſſe offrit d'abord de le ſuivre avec joie, croyant qu'il ne s'agiſſoit que d'aller exterminer quelques monſtres nouvellement deſcendus des Pyrenées, qui déſoloient les champs de leurs voiſins; mais en apprenant que c'étoit une ville qu'il falloit attaquer pour en détruire les habitans, elle en fut ſaiſie d'horreur, & la propoſition de l'étranger fut rejettée: on ne pouvoit concevoir que des hommes puſſent projetter, de ſang froid, d'aller percer le ſein de leurs ſemblables, de verſer le ſang de leurs freres, de brûler leurs maiſons, d'enlever leurs femmes & de maſſacrer leurs enfans.

Cratès, malgré toute ſon éloquence, fut d'abord embaraſſé de juſtifier cette barbarie aux yeux d'un peuple vertueux qui n'avoit encore aucune idée des crimes que l'avarice & l'ambition produiſent par-tout où elles ont pénétté.

Les Tectoſages, doux & humains, ſont ſurtout pieux envers les Dieux : ce fut par cet endroit que l'orateur Grèc chercha à les intéreſſer : il leur fit enviſager les Delphiens comme de ſacriléges ennemis des immortels ; il peignit la cruauté & la fureur avec laquelle ils étoient venus, la flâme à la main, & contre la foi jurée, détruire les villes des Phocéens, & porter le fer deſtructeur dans le ſein de leurs paiſibles habitans : il prouva que c'étoit la cauſe de l'humanité outragée qu'il leur propoſoit de défendre ; que c'étoit une race proſcrite par les Dieux qu'il s'agiſſoit d'anéantir ; ſans quoi, eux-mêmes, ils la verroient bien-tôt porter ſa rage juſques dans leurs foyers, & venir enlever leurs épouſes & leurs enfans.

Que ne peut point l'éloquence ſur un peuple ſimple & crédule ? Combien de fois cet art, ſouvent mercenaire, vendu au crime, ainſi qu'à la vertu, n'a-t'il pas fait rougir la vérité ? Hélas ! Troyes n'étoit elle pas ſauvée, ſans les artificieux diſcours du perfide Sinon ?

Au discours de Cratès, les Tectosages, aussi émus qu'indignés, se consultent, demandent des détails ; on les satisfait d'une façon qui achève si bien de les persuader, qu'ils croyent enfin entendre les Dieux mêmes ordonner la perte des coupables habitans de Delphes : en vain le vieux Galatès, le chef ou plutôt le pere de ce peuple heureux, refuse de prendre part à cette guerre; il est, pour la première fois, entraîné par l'avis de la multitude ; un sacrifice qu'il exige, pour consulter le ciel, est pourtant ordonné ; le sang d'une jeune biche est répandu ; Cratès assure hautement que la volonté des Dieux est marquée dans les entrailles palpitantes de la victime ; chacun s'approche avec empressement, & chacun croit l'y voir écrite.

Tolosis, au nom du peuple, promit aussi de suivre les Leucatiens, & le ciel fut pris à témoin de cette promesse ; mais bien-tôt Cratès eut un nouvel obstacle à surmonter : les femmes, aussi attachées aux Tectosages, dont elles ont fait choix, qu'à leurs enfans, effrayées des sermens qu'ils viennent de prononcer, s'opposent à leur départ ; elles ne peuvent supporter l'idée de se voir séparées de ce qu'elles ont de plus cher. Les cris de désespoir retentissent de toutes parts dans les forêts; les peres & les fils, retenus dans leurs bras, n'osent d'abord rompre les tendres chaînes que la nature oppose à l'éloquence de Cratès; mais ce peuple est religieux, c'est la cause du ciel qu'on lui propose de défendre, & le départ est résolu.

Tolosis, jaloux de l'honneur de commander, se croit déja le vengeur des immortels offensés; la gloire, qui parle à son cœur, le pénétre, l'enflâme; il fait passer cette chaleur dans l'ame de tous ses amis en état de porter les armes, & se trouve à la tête d'environ trois mille d'entre eux. Cratès, en homme habile, fait profiter du premier feu de cette jeunesse impétueuse, & l'entraîne à Leucate, où elle est reçue aux acclamations de tout un peuple qui la comble de caresses & de présens.

Mais de quelle surprise ne furent point frappés les Tectosages, à la vue de cette ville naissante, dont ils s'étoient toujours éloignés depuis l'arrivée de ces étrangers? Ce concours de différentes nations, ces maisons élevées & solides, ce commerce vif & actif, tout l'appareil d'une marine, ces forteresses flottantes, ces voiles, ces labyrinthes de cordages, ces banderolles voltigeantes dans une forêt de mâts; tout présente à leurs yeux le spectacle d'un nouvel univers: au moment de passer sur ces habitations mobiles, prêtes à les transporter au-delà des mers, un frémissement intérieur s'empare de leurs sens; les flots irrités, qui semblent les repousser vers la terre, les font repentir, en secret, de leur entreprise; mais bientôt, honteux de leur foiblesse & jaloux d'imiter les Leucatiens, qui semblent braver les fureurs de cet élément perfide, ils s'élancent avec eux dans les vaisseaux (*).

Le jeune Tolosis, avec lequel, depuis son retour de Delphes, j'ai été lié de l'amitié la plus étroite, m'a avoué plusieurs fois que ce qui l'avoit le plus frappé dans cette expédition, étoit le saisissement qu'il avoit éprouvé, ainsi que ses compagnons, au moment qu'il fallut charger l'ennemi pour la première fois.

» Une sainte frayeur, me dit-il, nous glaça les » sens, à la vue de nos semblables, armés pour » défendr leur vie; nos yeux cherchoient à les » éviter; nos javelots sembloient s'échapper, mal- » gré nous, de nos mains tremblantes. Mais bien- » tôt l'exemple des Phocéens, la mort de quel- » ques uns des nôtres, le désespoir de les avoir

(*) Les Tectosages passèrent à Delphes, au rapport de Dion.

» perdus, le désir de les venger, & la nécessité » de repousser la force par la force, nous pré» cipitèrent au milieu des phalanges ennemies, » avec tant d'impétuosité, que nous les renver» sâmes. Si nous frémîmes à la vue du premier » sang répandu, si nous reculâmes d'abord, l'hon» neur nous ramena au combat, & les cris de » la victoire achevèrent bien-tôt d'étouffer en nous » ceux de la nature.

Tolosis sembloit encore émû en me faisant ce récit : Delphes emporté, son fameux temple dédétruit & pillé ; ses infortunés habitans, tirés au sort, devinrent la proie des vainqueurs ; leurs dépouilles, partagées, furent portées sur les vaisseaux ; les prisonniers y furent enchaînés, & les Phocéens, vainqueurs, retournèrent à Leucate avec leurs alliés.

C'étoit de cette brillante expédition que revenoient les Tectosages, avec les richesses immenses qui leur étoient échues en partage, lorsque, rentrant dans leurs pays, peu de tems après notre arrivée, ils y jettèrent, sans le vouloir, l'allarme & l'épouvante.

Au nombre des vaincus, qu'ils traînoient à leur suite, étoient les Oréens, les Magnates & les Thémisiens, qu'on eût peut-être mieux fait d'ensevelir ſous les ruines de Delphes. Vous ne ſerez point faché de connoître les mœurs & les uſages de ces peuples ſinguliers, qui, devenus habitans de ces contrées, ſont deſtinés à faire un jour partie du nouvel empire promis à ma poſtérité.

L'unique Dieu des Oréens étoit l'or; ils en faiſoient une monnoie ſacrée, devant laquelle les plus fiers d'entre eux fléchiſſoient le genouil; mais vous ſerez moins ſurpris du culte qu'on rendoit à ce métal, quand vous ſaurez quelle étoit chez eux ſa puiſſance.

L'or, que ce peuple adoroit, par une vertu ſimpathique, communiquoit un rayon de ſa divinité aux mortels qui en poſſédoient le plus; il en faiſoit des eſpèces de demi Dieux, à qui l'on rendoit le même culte qu'à lui-même; tout obéiſſoit, tout agiſſoit, tout cédoit à leur voix; le reſte des humains n'étoit occupé que du ſoin de prévenir leurs moindres déſirs; les plus fameux artiſtes ne créoient des chefs-d'œuvres que pour flatter la vanité & entretenir le luxe de ces imbéciles idoles; la beauté relevoit de leur empire; l'or humaniſoit les grâces, & ſubjuguoit juſqu'à la vertu même.

Ces peuples, élevés dans la moleſſe & l'abondance, avoient refuſé de ſe joindre aux autres

Grècs, & de les ſuivre à Troyes; ceux-ci, par repréſailles, les abandonnèrent, à leur tour, à la diſcrétion de leurs ennemis.

Les Oréens, auſſi lâches qu'efféminés à l'arrïvée des Leucatiens, ſe trouvèrent forcès d'aller au ſecours de ceux de Delphes, dans la crainte d'éprouver bien-tôt le même ſort dont leurs alliés étoient menacés; mais, peu faits à la fatigue du métier des armes, ils abandonnèrent bien-tôt leurs voiſins, & rentrèrent dans leurs villes, où ils furent ſuivis par les vainqueurs; en vain les Oréens, conſternés au ſeul bruit de la marche de ces redoutables ennemis, s'aſſemblèrent ſur leurs frontières, mieux fournies de maiſons de plaiſances que de fortereſſes; au premier choc ils furent diſſipés comme un troupeau timide; leurs chariots, leurs armes, leurs femmes, leurs enfans, leurs Dieux mêmes, leurs richeſſes, tout devint la proie des vainqueurs, qui, de là, tournèrent leurs armes contre les Magnates, autre peuple de ces contrées, & d'une eſpèce également ſingulière.

Ces fièrs républicains, enorgueillis de leur prétendue origine, regardoient le reſte des hommes comme leurs eſclaves nés; fièrs des grands noms, que la plûpart d'entre eux deshonoroient, il leur ſuffiſoit que leurs ayeux euſſent été, pour les diſpenſer d'être, & de vanter les exploits de leurs peres ſans ſe picquer d'imiter leurs vertus. Leur manie étoit de s'eſtimer plus grands par le mérite d'autrui que par le leur propre ; ils la pouſſoient même juſques à ſe croire plus recommandables à proportion qu'ils ſe trouvoient plus éloignés de la ſource d'où ils puiſoient leur ridicule vanité. Un héros ſans naiſſance n'étoit, ſelon eux, qu'un ſoldat ; mais le fils d'un héros, fût-il un lâche, étoit toujours plus noble que ſon pere. Un fleuve croît en s'éloignant de ſa ſource ; mais ſi les rivières, qu'il reçoit dans ſon cours, gonflent ſes eaux ou le font déborder, on en détourne les troupeaux, on ne voit plus en lui que le deſtructeur des campagnes ; tandis que le Laboureur bénit le ſimple ruiſſeau qui arroſe tranquilement ſes terres, & qui les engraiſſe, ſoit qu'il vienne d'une ſource éloignée, ou qu'il ſorte d'une fontaine voiſine que le hazard a formé la veille.

Les Magnates, naturellement plus courageux que les Oréens, réſiſtèrent d'abord ; mais les brigues, les jalouſies, l'indépendance, la méſintelligence enfin, hâtèrent bien-tôt leur ruine. Tous vouloient commander ; perſonne ne ſavoit obéir ;

parconſéquent, nulle eſpèce de diſcipline : leur luxe les ſuivoit par-tout, & même dans leur camp. L'armée ſuffiſoit à peine à la garde de leurs équipages, & ſe trouvoit affamée par la multitude de leurs valets. Leurs tentes étoient magnifiques; leur chère auſſi délicate que recherchée ; des vins de toute eſpèce couvroient leurs tables, & un jeu, ſans bornes, achevoit d'engloutir les reſtes malheureux du patrimoine de leurs peres. Victimes de leur inconduite, ils n'en prétendoient pas moins, à leur retour, les grâces de la république : tous, en un mot, parloient avec orgueil de leurs ancêtres, de leurs livrées, de leurs équipages, de leur table, de leur jeu, de leurs plaiſirs, & jamais de leur métier.

Les Thémiſiens, voiſins des Magnates, étoient froids & flegmatiques, vêtus de longues & larges robes qui les enveloppoient entièrement; leur phiſionomie auſtère imprimoit une ſorte de reſpect; tout ſe faiſoit, chez ce peuple, avec lenteur & gravité, & ſelon des formes réglées. C'étoit la reine Thémiſée qui leur donnoit des loix; la manie de ſes ſujets étoit, à ſon exemple, de vouloir juger : maîtres d'une iſle fameuſe, leur ſouveraine y avoit établi ſa cour. C'étoit là, qu'aſſiſe ſur un trône, l'épée nue & la balance à la main, elle prononçoit ses oracles. Ses sujets avoient embéli le rivage de leur isle de tout ce qui pouvoit charmer les yeux, attirer les étrangers & gagner leur confiance : la mer, en cet endroit toujours tranquile, offroit un passage aisé. L'Espérance, une ancre à la main, conduisoit les passagers dans de petites barques couvertes d'oliviers, en les flattant d'une paix aussi solide que prochaine ; mais à peine avoit-on pris terre, qu'au lieu de ces plaines émaillées de fleurs, de ces perspectives riantes qui, du rivage opposé, charmoient les yeux ; on découvroit des rochers, des ronces, des épines, des labyrinthes tortueux, dont les chemins embarrassés, difficiles & sans nombre, étoient le désespoir des imprudens qui s'y étoient laissé conduire : une foule de Thémisiens empressés s'offroient à vous servir de guides ; mais, aussi faux que les Syrenes, ce n'étoit que pour vous déchirer impitoyablement dans les détours obscurs de ce redoutable dédale.

Il est vrai qu'arrivé aux pieds du trône de Thémisée, les droits étoient pesés par elle avec l'équité la plus pure ; il ne lui manquoit, pour être universellement adorée, que la force de réprimer l'avidité de ses propres sujets ; aussi avares que dangéreux guides, ils mettoient les moindres ſervices à ſi haut prix, que les bienfaits qu'on obtenoit de leur auguſte Reine paſſoient preſque toujours en entier dans leurs mains.

Un peuple de ce caractère, & peu fait pour être guerrier, n'étoit pas difficile à vaincre; auſſi ne tarda-t'il point à paſſer ſous le joug du vainqueur.

Les Tectoſages en amenèrent un grand nombre à leur ſuite, & je prévis dès-lors que ces étrangers, dont le cœur étoit fait pour reſter attaché à ſes mœurs ainſi qu'à ſes loix, baniroient tôt ou tard de ces contrées cette heureuſe ſimplicité qui en faiſoit le caractère; & vous allez juger ſi ma conjecture étoit vraie.

A la nouvelle du retour de Toloſis, l'allégreſſe fut générale, toute la peuplade courut à ſa rencontre, & fut frappée d'étonnement à la vue de l'ordre qui règnoit dans cette troupe guerrière, qui ne quitta ſes rangs, ſes drapeaux, & ne poſa ſes armes qu'à un certain ſignal de ſon chef. Alors chacun ſuivit les mouvemens de ſon cœur; Toloſis courut dans les bras du plus tendre des peres, tous les autres guerriers cherchèrent une compagne, un frere, un pere, un fils, un ami.

A ces premiers tranſports ſuccédèrent les cris douloureux des femmes & des enfans dont les amis ou les peres étoient morts à la guerre; mille voix lamentables les appelloient en vain & les redemandoient à Tolosis; la foule de ce moment devint si grande qu'on fut obligé de rétablir l'ordre.

Galatès voyant que des Tectosages, destinés à servir son fils, en éloignoient ses amis & ses proches: » Ah! mon cher Tolosis, lui dit-il en le » serrant contre son sein, aurois-tu oublié que » l'amitié de tes semblables est la plus sûre garde » que tu puisses avoir ?

Cependant, toute la peuplade étonnée de ce nouveau spectacle, dont elle pensoit diversement, attendoit en silence le jugement que les sages en porteroient; Galatès les assembla le lendemain à l'ombre d'un vieux chêne, consacré aux Dieux du pays. Tolosis y rendit compte de son expédition, parla des richesses de Delphes, qui, échues en partage aux Tectosages, étoient restées en dépôt à Leucate, & demanda l'usage qu'il en devoit faire, ainsi que des prisonniers qui l'avoient suivis.

Galatès, après avoir recueilli les voix, déclara que tous les hommes étant égaux, on traiteroit les étrangers en freres, qu'on proscriroit leurs richesses, & qu'on leur distribueroit des terres & des troupeaux.

Les Oréens & les Magnates, admis à cette asſemblée, voulurent relever les avantages de l'or ; je me rangeai du côté des vieillards, qui me demandèrent mon avis, & je citai, pour appuyer leur ſentiment, des nations entières enſevelies ſous les débris du luxe, les Oréens eux-mêmes, qui en étoient un exemple vivant. J'oſai nommer juſques à la ſuperbe Troyes, dont les riches dépouilles, peut-être plus encore que le déſir de ravoir Hélene, avoient tenté l'avarice des Grecs.

Tous les regards ſe fixèrent ſur Toloſis, pour lire dans ſes yeux ſa penſée ; épris des charmes de la fille du chef des Oréens, il avoit promis à ſa jeune captive, à la belle Oréa, de contribuer de tout ſon pouvoir à permettre l'uſage de l'or ; dans cette poſition critique, ſi ce jeune Tectoſage parut ſe ranger à l'avis du ſage Galatès ; ce ne fut pas ſans laiſſer entrevoir que ce n'étoit que par reſpect pour l'auteur de ſes jours ; ainſi l'or ſe trouva rejetté d'une voix unanime, comme pouvant porter atteinte à l'ancienne ſimplicité des habitans de ces contrées.

Le chagrin des Magnates & des Oréens fut extrême ; mais ils renfermèrent au fond de leur ame l'eſpérance de ſubjuguer un jour leurs vainqueurs par ces mêmes richeſſes dont ils ignoroient l'uſage & la puiſſance.

Les Tectosages, en proscrivant l'or, rétablissoient l'égalité ; & les étrangers sentoient bien que, réduits à leur propre mérite, pour partager le produit des récoltes communes, ils seroient nécessairement forcés d'en partager les travaux.

D'un autre côté, tous les biens devant rester en commun, il ne pouvoit y avoir de dispute pour les propriétés & pour les partages, sources ordinaires de toutes les contestations ; ce qui renversoit l'état des Thémisiens.

Dans la crainte de quelques complots dangereux de la part de ces étrangers, & dans l'espérance de les prévenir, je restai quelque tems chez ce peuple vertueux; il étoit compris dans le cercle de mon nouvel empire; je sentois déjà pour lui des entrailles de pere.

Les vieillards assemblés ordonnerent donc que les vaincus seroient répartis dans différens cantons; que d'indignes fers n'insulteroient point à leur malheur; mais que tout ce qui pouvoit leur rester d'or, seroit jetté dans les marais voisins, avec celui que les Tectosages avoient rapporté, & chacun applaudit à cette sage résolution, qui fut dans l'instant même exécutée sous les ordres de Tolosis ; mais ce jeune Guerrier, touché des larmes d'Oréa, & de la perte de tant d'effets précieux, des armures dorées,

rées, des meubles aussi commodes que recherchés, des étoffes & des bijoux de toute espèce restés chez les Leucatiens, promit de les sauver de la proscription générale ; un voyage qu'il fit seul à Leucate, lui en facilita les moyens.

Après avoir échangé quelques-uns de ces mêmes effets contre des troupeaux, des armes pour la chasse, & contre des ustensiles propres à l'agriculture, il fit transporter le surplus, pendant les ombres de la nuit, dans de profondes cavernes, dont il se réserva le sécret, mais que malheureusement il ne put garder longtems.

Le vieux Galatès n'apprit pas sans inquiétude, les liaisons de son fils avec une Oréenne; le pere d'Oréa de son côté, s'en promettoit de trop grands avantages, pour n'en pas favoriser le succès ; & le Chef des Magnates, le fier Magnès, s'engagea à seconder Divor de tout son pouvoir.

Ces deux étrangers, élevés dans des principes différens, se haïssoient; mais l'intérêt, ce grand mobile des actions des hommes, ce dangereux tyran, qui à son gré divise ou réunit les cœurs, pouvoit seul les rapprocher. Le caractère vif & impétueux de Tolosis leur étoit également connu; l'âge avancé de son pere, leur laissoit concevoir la prochaine espérance de subjuguer eux-mêmes leurs vainqueurs, & de voir bientôt revivre & leurs loix & leurs mœurs dans ces innocentes contrées.

Les dépouilles de Delphes, & les trésors des Oréens, étoient ou ensévelis sous les eaux, ou renfermés dans des antres souterreins; mais il étoit possible de les en tirer, & d'amener insensiblement ce peuple à en permettre l'usage. Ce point une fois obtenu, que ne pouvoit-on pas attendre de la puissance & des attraits de l'or? Delà, naîtroit bientôt le désir des propriétés particulières, l'inégalité des conditions, les partages & les procès. Ce fut pour hâter cette révolution tant souhaitée, que Divor, favorisant le penchant de sa fille pour Tolosis, tacha lui-même de toucher le cœur de Tolosine, de la fille de Galatès; il se flata de la gagner insensiblement par la peinture des douceurs attachées aux richesses, mere de ce superflu, que la séduisante molesse a rendu si nécessaire.

Ces liaisons sécrettes, produisirent bientôt le relâchement des mœurs; Tolosis lui-même, par de coupables complaisances, éprouva ce que peut une femme adroite sur un amant séduit. Il ne put cacher long-tems, qu'il avoit sauvé une partie des dépouilles de Delphes, & cette première confidence, devint la source de mille persécutions.

Tolosis résista, mais il aimoit; il se rendit sur les

ſerments que lui fit Oréa de ne jamais révéler cet important ſécret, & promit enfin de la conduire au ſouterrein.

A peine la fille de Divor eut remporté cette victoire, qu'elle en fit part à ſon pere.

Toloſis, qui déjà ſe repentoit de ſon imprudence, voulant du moins en prévenir les dangereux effets, éxigea de cette Oréenne, qu'elle auroit ſur la route un bandeau ſur les yeux.

A la vue de tant de richeſſes devenues inutiles, Oréa attendrie, & regrettant les beaux jours de ſa gloire paſſée, ne put retenir ſes larmes; elle voulut tout voir, tout toucher, diſtingua ſur-tout les effets qui lui avoient appartenus, ainſi qu'à ſa famille, & ne pouvoit raſſaſſier ſes avides regards. Envain Toloſis eſſaya cent fois de la tirer de ces ſombres lieux; c'étoit-là qu'elle vouloit mourir; c'étoit-là qu'elle choiſiſſoit ſon tombeau.

Divor & Frivolidès cachés dans la forêt avoient obſervé la marche des deux amants, & les différens détours qui conduiſoient aux ſouterreins; dès le lendemain, ils s'y rendirent avec Oréa, qui y conduiſit bientôt ſes amies.

On ne tarda pas à déſirer un endroit plus commode pour s'aſſembler ſécretement; Divor, qui ne connoiſſoit rien d'impoſſible, imagina de conſtruire à l'aide des ouvriers de sa nation, dans un endroit solitaire de la forêt, que des rochers rendoient presque innaccessible, une maison à la Grecque, que Frivolidès qui s'étoit rangé du côté des Oréennes, se chargea de meubler de tout ce que la molesse lui avoit fait imaginer de plus voluptueux pendant le cours de sa prospérité : ils espéroient par ce moyen, séduire d'autant plus aisément les femmes des Tectosages, & par elles les hommes.

Ce petit édifice fut élevé & meublé avec tant de sécret, que Galatès & Tolosis même n'en furent point instruits; ce fut à moi que le hasard découvrit cette nouvelle habitation.

Un jour que j'errois seul dans la forêt, je parvins insensiblement par un petit sentier jusqu'à un immense rocher, où des espèces de dégrés que j'apperçus m'engagerent à monter; mais quelle fut ma surprise, lorsque dans le fond d'une vallée profonde, & que couvroient de grands arbres, je distinguai une maison bâtie à la façon des Grecs! Mon étonnement redoubla à la vue d'un appartement meublé avec toute l'élégance & tout le luxe de l'Asie. J'admirois ce séjour enchanté, lorsque je crus entendre quelques voix. C'étoient Oréa, Tolosine, & deux autres amies conduites par Frivolidès &

quelques Oréens, retirés à l'écart dans un enfoncement, que des rideaux fastueux couronnoient avec grace; j'observai quelque tems; ces femmes se placerent d'abord devant des espèces d'autels, où de larges surfaces d'acier poli, tels que vous en avez vû dans nos palais, rendoient exactement & leurs traits & leurs attitudes: après s'y être regardées avec complaisance, chacune fit prendre à ses longs cheveux cent formes différentes; l'une, essayoit de les natter avec des tresses d'or; l'autre, les relevoit avec des agraffes de pierres précieuses; une autre, à l'aide d'un pinceau, se peignoit le visage du plus beau blanc & du carmin le plus vif: toutes ensuite en s'ornant de colliers, de brasselets, & jettant avec mépris leurs longues robes de lin, en prirent de tissues en or, sur lesquelles l'art, rival de la nature, sembloit s'être épuisé pour y fixer les richesses du printems.

Frivolidès qui présidoit à leur toilette, étoit sans cesse, & de toutes parts, consulté sur la manière dont Hélene relevoit, ou laissoit flotter ses cheveux. C'est ainsi, disoit-il gravement, qu'elle disposoit ses perles, qu'elle en formoit des couronnes, qu'elle agraffoit sa robe, qu'elle en assujettissoit les plis par des lacets de soye, que ses brasselets contrastoient avec ses bras d'albatre; je ſus forcé d'avouer intérieurement, qu'attentives aux leçons de ce ſublime maître, elles réuſſiſſoient déjà paſſablement dans toutes ces futilités, dont la dangereuſe Hélene avoit pouſſé ſi loin l'art enchanteur, tant l'adreſſe & la coqueterie ſemblent innées dans ce ſexe charmant.

Ces jeunes beautés ainſi parées, après avoir contemplé réciproquement leurs graces, & les avoir fait remarquer à leurs conducteurs, ſe plaignirent amérement de ce que les Tectoſages connoiſſoient ſi peu leurs intérêts, finirent par arracher avec dépit ces mêmes ornemens qu'elles avoient placés avec tant de ſoin, reprirent leurs vêtemens ordinaires, & diſparurent à mes yeux.

Indigné contre Frivolidès, je projettois de le punir ſévérement, mais je craignis de divulguer un ſécret qu'il étoit intéreſſant de tenir caché, & me contentai de gémir d'un événement, dont je ne prévoyois que trop les ſuites.

De retour à la peuplade, je fis part à Toloſis de ce dont je venois d'être témoin; ce fut alors que dans la plus grande ſurpriſe, il m'avoua en ſoupirant, ſa foibleſſe. Il ne pouvoit imaginer comment Oréa, malgré la précaution qu'il avoit priſe de lui couvrir les yeux d'un bandeau, avoit pû retrouver l'entrée des cavernes, & en faire part à Divor:

mais trop épris de ſon amante, il n'eut bientôt d'autre déſir que de la ſurprendre ainſi que ſes compagnes, dans la maiſon de la forêt au moment où il ſeroit le moins attendu; il fut même aſſez imprudent pour laiſſer tranſpirer ſon projet, & l'adroite Oréa, sûre de ſon foible pour elle & du ſecours de ſes Compagnes, ſe promit bien de le punir de cette viſite indiſcrette, & d'en tirer les plus grands avantages, relativement aux intérêts de ſa propre vanité.

Le jour pris, elle laiſſa adroietment ſoupçonner à ſon amant une aſſemblée ſécrette; l'empreſſement marqué d'Oréa pour s'abſenter ſeule ce jour-là, fut le piége dans lequel il donna: inſtruit des routes que je lui avois fait connoître, il ſe mit en chemin après m'avoir éloigné. Trop certain de ſa foibleſſe, il ne voulut pas ſans doute que j'en fuſſe le témoin; mais il ne put s'empêcher de m'avouer au retour, que ravi d'admiration à la vue de la richeſſe, de l'élégance & du goût de cette retraite enchantée, il avoit ſenti le reproche expirer ſur ſes lévres, & la vivacité avec laquelle il me conta tout ce qui s'étoit paſſé, ne me prouva que trop que cette téméraire entrepriſe ne lui avoit pas déplû.

A peine ſe fut-il introduit & placé à l'écart, que douze femmes, dont ſix Tectoſages & ſix Oréennes, entrerent à la ſuite d'Oréa & de Toloſine, & répéterent avec plus d'art encore, toutes les ſcènes dont j'avois été témoin.

Après les amuſemens de la toilette, elles exécutèrent des chants & formèrent des danſes, ſous la conduite de Frivolidès. En vain Toloſis affecta de ſortir, tout-à-coup & comme furieux, du lieu où il s'étoit retiré ; la ſurpriſe que l'on joua ne ſervit qu'à le mieux tromper ; il ſe trouva, lorſqu'il s'y atendoit le moins, environné, lié de chaînes de fleurs, & jamais la ſenſible Oréa ne s'étoit montrée, à ſes yeux, ſi belle & ſi touchante.

Le cœur de ce jeune Tectoſage s'adoucit peu à peu ; il reprocha à ces femmes la témérité de leur entrepriſe, mais d'un ton qui leur en aſſuroit le ſuccès ; elles osèrent même l'inviter à venir ſecrètement jouir, avec elles, des amuſemens de cette ſolitude agréable, & la fille de Divor l'en preſſa avec tant de grâces qu'il eut la foibleſſe d'y conſentir & de lui tenir parole.

Bientôt Oréa & Toloſine, fières de leur premier ſuccès, en tenterent de nouveaux ; oubliant à deſſein d'ôter leurs colliers & leurs braſſelets, elles oſerent avec ces ornemens ſe montrer en public. C'eſt ainſi que ſe préparoit inſenſiblement, la révolution qui ne tarda pas d'arriver.

Galatès indigné de cette hardieſſe, dont il ignoroit la ſource, s'en plaignit hautement ; on fit des recherches, & bientôt les aſſemblées ſécrettes du palais enchanté ne furent plus un myſtere ; les vieillards en murmurerent, & toutes les femmes empreſſées d'y être admiſes, & qui trouverent dans cette nouvelle habitation mille commodités néceſſaires à la douceur de la vie, finirent par ſe reprocher de n'en point faire uſage, lorſqu'on pouvoit ſi facilement ſe les procurer.

C'étoit le tems de la moiſſon, on négligeoit partout les indiſpenſables travaux de la campagne, pour courir à ces frivolités : chacun parloit déjà de ſe conſtruire une pareille habitation ; on blâmoit la conduite des Vieillards ; on les traitoit d'hommes durs, quelquefois même d'imbéciles : enfin le mal s'accrut au point que Galatès, par un coup de vigueur auquel on ne s'attendoit pas, fut lui-même mettre le feu à ce temple de la molleſſe, il voulut pour prévenir la corruption générale ; que ces dangereux étrangers fuſſent diſperſés dans les terres, & éloignés de ſa Colonie ; envain les femmes, inſpirées par Oréa & par Toloſine elle-même, mirent-elles tout en uſage pour gagner ce ſage Vieillard ; il fut inflexible ; l'exil des étrangers fut prononcé, mais le coup étoit porté.

Tous ſe rendirent à regret dans les différens cantons qui leur furent aſſignés; la terre leur offrit ſes inépuiſables richeſſes ; mais il falloit les lui arracher par un travail dur & pénible.

Si c'étoit peu de choſe pour les Tectoſages, c'étoit trop pour des peuples élevés au ſein d'une abondance, dont ils avoient toûjours joui ſans peine & ſans travaux.

Quand l'ordre & le calme me parurent un peu rétablis, j'allai viſiter ces infortunés qu'on venoit de répartir dans les campagnes voiſines, & leur porter quelques conſolations; j'y menai avec moi mes Compagnons de voyage, dans le deſſein de veiller de plus près ſur leur conduite ; je reprochai très-vivement à Frivolidès ſon imprudence ; je lui en fis enviſager les ſuites; il me promit de reſpecter à l'avenir les uſages de ce peuple vertueux.

Nous trouvâmes d'abord les Magnates, qui habitoient un pays de montagnes & de bois; le noble exercice de la chaſſe, qui les rapprochoit davantage de leur premier état, leur avoit paru préférable à la culture des terres, & ils s'y livroient avec paſſion.

Je vis le fier Magnès ſous une ſimple cabane couverte de joncs, accablé du poids de ſon infortune ; il arrivoit de la chaſſe, appuyé triſtement ſur ſes armes, & gémiſſoit d'être forcé d'aller ainſi chercher ſa vie. Nobilie ſon épouſe, qui conſervoit ſa dédaigneuſe gravité, me reçut avec toute la hauteur de ſon état paſſé; leur fille aſſiſe au bord d'une fontaine, y contemploit ſes charmes, en accuſant l'injuſtice du ſort qui la réduiſoit au travail de ſes mains comme les autres femmes, ſans égard pour les vingt illuſtres ayeux dont elle étoit deſcendue; ſes longs cheveux abandonnés à la ſimple nature, flottoient au gré des vents; une robe de lin qu'elle-même avoit tiſſue, compoſoit toute ſa parure. Hélas! me dis-je en moi-même; c'eſt ainſi que les infortunés ſujets de Priam, que mes ſœurs mêmes au comble de l'adverſité, traînent ſans doute chez leurs vainqueurs, une vie obſcure & malheureuſe, au fond dequelques déſerts inconnus.

L'orgueilleux Magnès, le cœur plein des préjugés de ſa nation, étoit encore attaché à ſa chimère; quoiqu'au ſein du malheur, fier d'être deſcendu de je ne ſçai quel Magus, qui jadis ravagea la Grèce, il avoit dans ſa proſpérité refuſé les plus grandes alliances pour ſa fille; que les tems étoient changés! dans ces déſerts elle couloit de triſtes jours, ſous les aîles de Nobilie ſa ſuperbe mere; & ſans le fils de Thémiſée, ſans Robinoalde qui lui offrit enfin ſa main, elle eût langui longtems dans un triſte célibat.

Ce jeune Thémifien étoit fi perfuadé de fes talens & de l'excellence de fon être, qu'il n'avoit pû encore fe déterminer à quitter fa robe flottante & fa longue chevelure, il fut d'abord fort étonné de trouver une femme plus impérieufe & plus impertinente que lui; il n'avoit pas moins efpéré que l'amour-propre, dont ils étoient tous les deux fi bien partagés, pourroit un jour, attendu le rapport des caractères, fe changer en tendreffe mutuelle: mais Robinoalde fe trompoit.

Attendri fur le fort de Magnégide, qui étoit venue me faire part de cette trifte alliance, je l'encourageois à fupporter fes malheurs avec fermeté, lorfque Robinoalde, qui à peu de diftance de-là me paroiffoit également plongé dans la mélancolie, ne m'apperçut pas plutôt, qu'il vint à moi. » O vous! me dit-il, en m'abordant, qui mittes » autrefois d'accord trois Déeffes, daignez être » aujourd'hui notre juge, & rétablir fi vous pou- » vez, la paix entre ma femme & moi; car mon » illuftre époufe, prétend (dit elle) s'être méfalliée » en daignant m'accorder fa main, & foutient que » le métier des armes exercé par fes ancêtres, eft » infiniment plus noble que celui de la judicature.

Magnégide indignée de la feule comparaifon, me pria avec vivacité de décider la queftion; en vain je repréſentai à ces époux, la crainte que j'avois de déplaire peut-être à tous les deux, ils promirent de ſi bonne foi de ſe rendre à mon jugement, que je ne pus me diſpenſer de riſquer mon avis. Je convins d'abord que la gloire des armes avoit beaucoup d'éclat; mais que leur principal but étant de défendre les loix & d'en aſſurer l'exécution, cela marquoit au moins l'excellence de la juſtice; j'ajoutai que les loix ſeules pouvoient rendre un peuple heureux; & que les armes ſans les loix, devenoient la ſource de l'injuſtice & du brigandage.

J'allois enſuite établir ce que l'on pouvoit alléguer en faveur de la gloire acquiſe par les armes, quand Magnégide m'interrompant avec mépris, m'impoſa ſilence.

» C'en eſt déjà trop, me dit-elle, je vois que » Robinoalde t'a ſéduit; je te récuſe. Eh comment » Pâris le fils d'un Roi, eût-il pû balancer un moment » à juger en ma faveur? mais ajouta-t'elle, d'un ton » ironique, ce prétendu Pâris n'eſt en effet que le » fils de Cébren, qu'un ſimple paſteur du mont » Ida, dont l'alliance avec Œnone le dégrade à mes » yeux, & la gloire dont il s'eſt couvert dans le mé- » tier des armes me diſpenſe d'en faire l'éloge.

Comme je méritois une partie de ces reproches, j'en fus pénétré.

Je voulus cependant reprendre mon discours, mais ne pouvant me faire entendre, je continuai ma route, aussi mécontent de ces époux, qu'ils l'étoient sans doute de moi.

Non loin de-là se trouvoient les Thémiséens, qui n'avoient encore pû s'accorder sur le partage des terres qu'on leur avoit abandonné; chacun cherchoit à usurper une partie de celles de ses voisins, & en attendant que ces différends fussent terminés, la campagne demeuroit inculte; pour surcroît de malheurs, le hasard avoit placé les Thémiséens dans un canton, où une multitude d'insectes de toute espèce, réduisoient presque à rien les fruits de leurs minces travaux; ils attendoient impatiamment dans cette solitude, que la désunion se mit chez leurs voisins, pour saisir l'occasion de se venger sur eux de ces insectes dévorans.

De-là passant chez les Oréens, qui dans l'espérance d'un commerce considérable, s'étoient adonnés à la culture des terres, je trouvai l'aimable Tolosine qui mettoit tout en usage, pour charmer les ennuis de celui dont son cœur avoit fait choix: élevée dans la vie champêtre, chez Galatès son pere, elle se soumettoit avec moins de peine à son sort; son habitation étoit simple, propre & commode; de nombreux troupeaux remplissoient ses parcs ; Divor se seroit cru heureux avec une telle compagne & la jeune Fortunie sa seconde fille, sans le souvenir des aisances que les richesses lui avoient autrefois procurées ; l'habitude de ces superfluités les lui avoit rendues si nécessaires, qu'au sein de l'abondance même, il n'éprouvoit que des privations. Il parloit sans cesse de son ancienne splendeur ; je plaignis moins le sort des Oréens ; leur façon de vivre me rappelloit celle que j'avois moi-même menée sur le mont Ida, & je ne pouvois me dissimuler que ces jours fortunés avoient été les plus beaux de ma vie.

Locuplès étoit de tous nos Troyens, celui dont le caractère simpatisoit le plus avec celui de Divor ; il avoit été ci-devant comme lui, l'un des plus chers favoris de Plutus ; comme lui livré à l'administration des trésors publics, & occupé du soin de les augmenter par toutes sortes de voies, il n'ignoroit que l'art de les repandre ; avare pour les besoins réels de l'État, il trouvoit toujours des ressources pour les fêtes, les jeux & les plaisirs. Je me rappellai moi-même en rougissant, que le faste de mon palais, l'emportoit autrefois de beaucoup sur celui de mon pere, & que mes pensions étoient mieux payées que celles d'Hector.

Locuplès méla ses regrets à ceux du Chef des

Oréens; ils eurent ensemble de longues conférences dont je ne pus alors pénétrer le mystère, mais que la suite dévoila ; ce que je ne pus ignorer , c'est qu'épris des charmes de Fortunie, ou séduit par son pere, il nous quitta pour rester avec eux.

Après quelques courses dans ces cantons, nous nous arrétâmes enfin dans un pays charmant, sur les heureux rivages de la Garonne, chez le respectable Leitour : ce digne frere du sage Galatès nous reçut avec affection ; il nous conduisit dans une habitation agreable & commode que sa famille occupoit ; un petit bois touffu l'environnoit & le couvroit de son ombre ; un jeune bergere, en se jouant sur un gason, gardoit son troupeau ; un chapeau de joncs, un habit simple & modeste, orné de quelques fleurs champétres, composoient sa parure.

Mon cœur s'émeut à ce spectacle ; je crois reconnoitre dans Lavaur, c'est le nom de cette belle, la taille, l'air & le maintien de ma chere Œnone... elle parle, & je crois l'entendre.

Je me précipite à ses pieds ; étonnée à son tour, elle recule, & rougit au tendre nom & de mere & d'épouse que je lui donne ; mais ses entrailles n'en sont point émues. Hélas ! cette ressemblance n'étoit qu'un jeu du hasard ! Je me rapellai les années

années écoulées depuis notre féparation, & les graces du printems qui brilloient en cette jeune beauté, me firent bientôt connoître mon erreur. Je voulois quelquefois pour la prolonger encore, que ce fut fa belle ame qui animoit Lavaur; l'amour lui-même, pour aider à me féduire, vouloit y faire trouver à mon cœur attendri, l'effet des promeffes de Minerve; mais bientôt détrompé par cette Néreïde elle-même, je ne reconnus plus dans fa conduite, rien qui reffemblât à la vertueufe Œnone.

Frivolidès, qui par état fe croyoit deftiné à former toutes les femmes qu'il jugeoit dignes de fes foins, & qui rempli de cette idée y facrifioit tous les jours de fa vie, comme fi les Dieux ne l'euffent mis fur la terre que pour cet unique emploi, plut à Lavaur, & leur foibleffe fauva heureufement mon cœur, de celle dont il feroit peut-être devenu la victime. J'avouerai cependant, que je ne pus me garantir d'un peu de jaloufie; je me rappellai que ce jeune préfomptueux, par des foins trop affidus auprès d'Hélène, avoit déjà jetté du trouble dans mon ame; quoique Lavaur ne fût que l'image d'Œnone, fa reffemblance étoit fi frappante, que je ne pouvois m'accoutumer à la voir s'attendrir pour un autre que moi.

Mon cœur qui ne cherchoit plus que les charmes de la tendre amitié, trouva dans celle de Leitour, tous les agrémens d'une ſociété auſſi douce qu'agréable; livré aux amuſemens champêtres, j'avois négligé les étrangers qui nous environnoient. Ce ne fut qu'à la nouvelle de la mort de Galatès, & du déſordre qui régnoit dans ſa contrée, que j'y retournai enfin avec Leitour. Frivolidès, dans l'eſpérance d'une nouvelle révolution, avoit déjà pris les devants avec Lavaur; Locuplès m'avoit quitté chez Divor; il ne me reſtoit qu'Hyppoménis & mes ſoldats Troyens, dont j'avois fait mes amis.

Les Oréens & les Magnates réunis par l'intérêt, au premier bruit de la mort du Chef des Tectoſages, avoient quitté leurs retraites, & formé des partis qui commençoient à ſe faire craindre; ils demandoient hautement, que l'or & les richeſſes de Delphes, fuſſent retirés des marais & des cavernes, pour avoir un libre cours dans la ſociété. Toloſis lui-même, déjà ſéduit depuis longtems par ſa jeune amante, & qui n'avoit point oublié les délices du palais enchanté, ne s'y oppoſoit plus que foiblement, au grand regret de tous les anciens Tectoſages.

Galatès n'avoit pû ſurvivre au règne de l'innocence, qu'il voyoit toucher à ſon déclin, & ſa mort alloit devenir la fatale époque de cette révolution tant ſouhaitée par les étrangers; ils parloient plus hardiment que jamais, de l'excellence de leurs loix, de leurs uſages, & ſur-tout de la puiſſance & des avantages de l'or. Le moment étoit enfin arrivé de relever leur empire abbatu, & d'y ſoumettre leurs vainqueurs; l'amour fut de tous les tems, le mobile ſécret des plus grandes révolutions. La ſéduiſante Oréa avoit tout mis en uſage, pour s'emparer du cœur & de l'eſprit de Toloſis.

Les Oréens, les Magnates & les Thémiſéens cabalerent ſi bien, qu'ils obtinrent pour leurs Chefs, la permiſſion d'aſſiſter aux aſſemblées de la nation; & jugeant que les femmes y ſeroient pour eux d'un grand poids, ils piquerent leur vanité en leur rappellant leur illuſtre origine; leurs adorateurs toujours nombreux, ſoutinrent avec tant d'adreſſe & ſi à propos, que les filles du Dieu Nerée (la plus belle moitié de l'humanité) devoient néceſſairement faire partie du tribunal qui veilloit à la félicité d'un peuple, dont elles étoient l'ame & les délices, qu'elles obtinrent cette faveur.

Pâris qui parloit depuis aſſez longtems, remit au lendemain le récit de ce qui ſe paſſa à la premiére aſſemblée de la nation, où ſe trouverent les femmes

& les étrangers, avec le détail de l'importante révolution qui ſuivit la mort de Galatès.

Pariſis étoit déſeſpéré de n'avoir pas ſuivi ſon pere, dans un voyage qui lui paroiſſoit ſi intéreſſant; Toloſis, dont le caractère ſe rapprochoit le plus du ſien, lui parut un héros digne de ſon amitié, & Cébren plaignit Galatès d'avoir eû à gouverner des étrangers ſi dangereux. Naïs trouva l'aventure du palais enchanté, plus plaiſante que celle arrivée à Gallie chez les Longhoniens. Toloſine, Oréa & Magnégide, parurent aux Dames Troyennes, des femmes aſſez ſingulières; Amaſius, Tolonius & Bocaris, qui avoient parcouru l'univers, ne les trouverent que comme ils en avoient connu par-tout. C'eſt ainſi que nous jugeons toûjours des choſes ſelon nos connoiſſances, & relativement à notre façon de penſer.

Mais la nuit ayant déjà rempli preſque la moitié de ſon cours, chacun ſe retira dans ſon appartement.

LIVRE SIXIÉME.

FRANCUS, Plancée & toute leur Cour, impatiens de ſavoir ce qui s'étoit paſſé dans la nouvelle aſſemblée des Tectoſages, & ce que l'entrée des femmes & des étrangers y avoit opéré, prierent le lendemain Pâris, de vouloir bien continuer ſon récit; ce qu'il fit en ces termes.

Déſeſpéré de l'étonnante révolution qui ſe préparoit; les ſuites funeſtes que je prévoyois, & qui alloient changer l'état de ce peuple, juſques-là auſſi ſimple qu'heureux, porterent à mon ame les coups les plus ſenſibles; je me retirai avec Hyppoménis dans un déſert voiſin, pour y gémir dans la ſolitude, ſur l'aveuglement de cette peuplade, digne d'un meilleur ſort; j'allois méme m'en éloigner pour jamais, lorſque me rappellant que j'étois deſtiné à devenir le pere de ce peuple, une voix ſécrette cria au fond de mon cœur, que c'étoit à moi à lui tendre une main ſecourable; je crus donc qu'il étoit de mon devoir de ne pas m'en éloigner, mais de laiſſer paſſer cette premiére fureur, pour tenter d'arracher, s'il étoit encore poſſible, le bandeau qui couvroit les yeux des braves Tectoſages, & de les tirer du précipice, où des eſclaves entrainoient leurs vainqueurs.

Un jour, que couché ſur le rivage de la Garonne, je révois au moyen de remédier à tant de maux, l'accablement où j'étois me plongea dans un profond ſommeil; je fermois à peine les yeux, qu'un ſonge flatteur me fit voir Minerve, ſous la même forme qu'elle m'étoit apparue ſur le mont Ida, lorſqu'elle me promit de me réunir à ma chere Œnone dans ces contrées. Mon premier mouvement fut de me plaindre du peu d'effets de ſes promeſſes; elle ſourit, & je crus entendre ces mots, encore préſens à ma mémoire.

» Non, Pâris, je n'ai point manqué à ma parole, » & j'en jurerois par le Stix, s'il étoit néceſſaire; » mais les tems marqués par le Deſtin pour ton » bonheur, ne ſont pas encore arrivés. Ces peuples » ſont ménacés d'une révolution, qui les rend » dignes de ta pitié; daignes ſervir de guide à » l'impétueux Toloſis; livré à une foule d'étran» gers corrompus, & à l'artifice d'une femme » Oréenne, je ſçais qu'il a fermé l'oreille à la voix » de la tendre amitié qui vous uniſſoit tous deux, » qu'il a rejetté tes conſeils; ſois aſſez grand pour » ne t'en pas ſouvenir; je veux lui parler au» jourd'hui par ta voix; c'eſt à ce jeune Tectoſage, » qu'eſt attaché le ſort de ce peuple, qui doit faire » un jour partie du nouvel empire promis à tes

» neveux ; ſes loix, ſes vertus, ſes préjugés, vont » prendre naiſſance, pour ne finir jamais. C'eſt de » ce moment critique, que dépend ſon bonheur : » ſens tout le prix de mes conſeils, & agis en » conſéquence.

A ces mots, Minerve me toucha de ſa lance, & diſparut. Je m'éveillai, & mes premiers regards crurent encore l'appercevoir à travers le nuage qui la déroboit à mes yeux. L'eſprit rempli de ce que je venois d'entendre, je me levois pour aller trouver Toloſis, lorſque je l'apperçus qui venoit à moi.

» Reviens parmi nous, cher Pâris, me dit-il, les » Tectoſages te déſirent, & l'amitié t'en conjure ; » quittes cette retraite, & daignes m'éclairer de tes » conſeils : je ne ſais quelle Divinité bienfaiſante, » s'eſt emparée cette nuit de mes eſprits ; c'eſt elle- » même qui guide ici mes pas tremblans ; ce peu- » ple veut que je règne ſur lui, & je me vois » dans le plus terrible embarras ; toi qui deſcends » des monarques Troyens, qui vis leur gloire, » apprends moi ce que c'eſt qu'un Roi.

» C'eſt, lui dis-je en ſoupirant, un génie tuté- » laire choiſi par les Dieux, pour le bonheur des » hommes ; c'eſt un mortel qui renonce à la dou- » ceur d'être à lui-même, pour n'exiſter que pour

» son peuple ; c'est le protecteur des loix, le sou-
» tien des autels, l'appui de l'innocence, & la
» terreur du crime ; c'est un pere tendre qui chérit
» également ses enfans ; un berger vigilant, sans
» cesse occupé du soin de son troupeau ; qui le
» défend des animaux carnaciers qui le ménacent ;
» qui veille, tandis qu'il dort ; en un mot le plus
« grand des Rois, est à l'exemple des Dieux,
» celui qui procure aux hommes le plus de biens,
» & qui en reçoit le moins de ceux auxquels il
» commande.

Tolosis étonné, & frappé des engagemens d'un Monarque envers son peuple, eût refusé ce rang suprême & le nom de souverain, si je ne l'eûsse forcé à les accepter. Je lui représentai qu'avec les nouvelles idées qu'avoient conçues les Tectosages, ce peuple ne pouvoit plus se soutenir par lui-même ; que tous les vices alloient naître dans leur pays, & qu'il falloit un maître pour les réprimer ; qu'il étoit l'amour, l'espérance de ces infortunés, leur ami, leur pere, le successeur enfin du sage Galatès ; qu'il ne pouvoit sans crime, les abandonner aux avides projets des Magnates & des Oréens ; en un mot, qu'il falloit un Roi pour retenir cette multitude d'étrangers dans le devoir ; que refuser le trône en pareil cas, ce seroit s'exposer à être bientôt opprimé lui-même. Je lui peignis enfin si vivement les malheurs auxquels sa nation alloit être exposée, & lui prouvai avec tant de force, que lui seul pouvoit la sauver du naufrage, qu'il se rendit à mes raisons; & je lui promis à mon tour, de ne l'abandonner qu'au moment où je le verrois tranquillement affermi sur le trône.

Tolosis joignoit à un courage intrépide, un cœur droit, un esprit mâle & noble; quoiqu'élevé dans la simplicité de la vie champêtre, la guerre de Delphes lui avoit assez fait connoître les hommes, pour savoir que la façon de les gouverner, pouvoit beaucoup influer sur leur bonheur ou leur malheur; s'il voyoit d'un côté les abus du luxe, il entrevoyoit quel parti un prince habile, en pouvoit tirer pour l'avantage de ses peuples. Je convins même franchement avec lui, que les arts, si l'on en prévenoit l'abus, étoient faits pour procurer de grands avantages aux hommes; que l'or, comme le fer, n'étoit dangereux que dans les mains des insensés ou des méchans; que de sages loix, mûrement réfléchies, & soutenues par la force, pourroient rémédier à une partie des inconvéniens qui naîtroient des richesses, & je consentis enfin de retourner avec lui chez les Tectosages.

Je fus flatté de la joie que leur causa mon

arrivée ; elle me conſola de l'humeur chagrine que j'apperçus ſur le viſage des étrangers, qui ne voyoient en moi, qu'un ſévère cenſeur de leur conduite. Frivolidès qui m'avoit abandonné, m'évitoit ; lié ainſi que Locuplès au char du dangereux Divor, ils s'applaudiſſoient en ſécret de leurs ſuccès prochains.

Enfin, l'hiver à peine finiſſoit, que le bruit des cors multiplié par les échos, publia ſur le haut des montagnes, la prochaine aſſemblée de la nation dans la forêt ſacrée.

Je brulois du déſir de voir le jeune Toloſis à la tête de cette brillante peuplade, je ne regardois plus ces étrangers qui cherchoient à opprimer leurs vainqueurs, que comme des hommes, qui naturaliſés dans ces climats, devoient un jour, augmenter le nombre de leurs heureux habitans; j'eſpérois même, que perdant avec le tems les préjugés auxquels ils étoient aſſervis, les enfans ne conſerveroient rien de ceux de leurs peres : puiſſai-je hélas, ne m'être pas trompé; puiſſent les mœurs douces, l'humanité des Tectoſages, ainſi que leur valeur, être toûjours le caractère dominant des habitans de ces contrées! (1)

(1) Les vœux de Pâris n'ont pas été tous exaucés; il

On ſe mit en marche; je ſuivis Leitour, & nous arrivâmes vers le déclin du jour, aux pieds d'une haute & vaſte montagne, qu'environnoient des rochers eſcarpés, & d'où ſe précipitoient à grand bruit, mille ſources d'eau vive; ſon ſommet eſt couronné d'une antique forêt de chênes, arbres miſtérieux, arbres ſacrés parmi ces peuples, pour avoir nourri ſi longtems de leurs fruits, les premiers habitans de la terre. Le peuple dans le plus profond ſilence, & diſtribué en différens groupes, graviſſoit ſur ces arbres avec reſpect; une lueur pâle & triſte, ſemblable à celle qui précède l'arrivée de la nuit, ne laiſſoit qu'entrevoir les objets, & répandoit en ces lieux une ſainte horreur; les Druides, dès longtems établis dans ce déſert, n'avoient pas encore élevé à leurs Divinités d'autres temples.

L'air retentit alors du ſon de mille trompes; mille torches enflâmées luttant contre les ombres, ramenent une clarté effrayante, & l'immenſe forêt n'offre aux yeux qu'un vaſte incendie. Les cris de la multitude renvoyés par les échos, & circulant

reſte encore beaucoup de fiers Magnates & de faſtueux Oréens; ils n'ont même que trop prévalus ſur la bonhommie Tectoſage.

dans les rochers, imitent le bruit des flots agités par la tempête. On court tumultueusement, on grimpe sur les arbres, on cherche avec empressement le Guy sacré; on le rencontre enfin sur le tronc d'un vieux chêne; & le Chef des Druides après l'avoir coupé avec la serpe d'or, le présente au peuple, en criant: *Aguy-l'an neuf.* (1) Cent victimes alors sont immolées, sur autant de troncs d'arbres, qui servent d'autels; & la nuit entière est employée à supplier les Dieux, d'être propices aux vœux des assistans.

Dans le fond d'un vallon solitaire, naturellement formé en cercle, & couronné d'un ceintre de verdure, la nature seule a formé une espèce d'amphitéâtre, autour duquel règne un grand nombre de banquettes de gason, élevées par dégrés, & d'où l'on découvre aisément le centre, ou plutôt le fond, d'une salle aussi vaste que champêtre.

C'est-là qu'au lever de l'aurore, les Tectosages, les Chefs des Oréens, des Magnates & des Thémisiens, confondus avec leurs vainqueurs, vinrent se rassembler; les femmes superbement parées, occupoient les gradins, d'où elles pouvoient tout voir & tout entendre.

---

(1) Ancien cri Gaulois qui annonçoit le nouvel an.

C'étoit pour la première fois que ce peuple avoit à traiter d'objets d'une ſi grande importance, puiſqu'il s'agiſſoit de changer la forme & la conſtitution de l'État, ſes mœurs, ſes anciens uſages, conſacrés depuis tant de ſiécles, pour en adopter de nouveaux, qu'apportoient des peuples vaincus.

Jamais aſſemblée ne fut ſi tumultueuſe; les Magnates, les Thémiſiens & les Oréens, y parurent en grand nombre avec leurs femmes, dont on ne ſe défia pas aſſez, & qui plus intrigantes que celles de ce peuple ſimple, ſçurent en tirer avantage.

Je me plaçai à côté de Leitour: le faſte des Oréennes m'étonna; ſécondées par Oréa, elles avoient oſé enlever des ſouterreins leurs plus riches parures, & Toloſine à leur exemple, chargée d'or, excita bientôt l'envie de toutes ſes Compagnes.

Il fut d'abord queſtion de ſe choiſir un Chef; le peuple en cherchant des yeux le jeune Toloſis confondu dans la foule, s'écria qu'il vouloit un Roi pour le gouverner, & nomma le fils de Galatès.

Les Vieillards, après avoir délibéré quelque tems, & recueilli les ſuffrages, appellent Toloſis à haute voix, lui offrent la couronne; toute l'aſſemblée les ſéconde par ſes applaudiſſemens, la joie ſe peint dans tous les yeux, on ſe porte en foule autour du nouveau Monarque; les Oréennes l'environnent; le parent de ce qu'elles ont de plus précieux, & lui forment une couronne de leurs bracelets, de leurs colliers; la jeuneſſe Tectoſage l'élève alors ſur un eſpèce de bouclier, qu'ils appellent pavois, & le porte ſur un trône de gaſon, formé à la hâte au milieu de l'enceince; toute la peuplade tombe à ſes pieds, & lui jure la fidélité la plus inviolable en préſence des Druides, qui de la part des Dieux, confirment le choix du peuple.

Les Étrangers enchantés de cette révolution, à laquelle ils avoient eû tant de part, ſe preſſent de fendre la foule, & arrivent les premiers auprès du nouveau Monarque; Divor s'applaudit du ſort brillant dont va jouir ſa chere Oréa; les Magnates ſont les ſeuls qui montrent moins d'empreſſement; le fier Magnès ſe trouveroit humilié s'il falloit fléchir le genou; mais il eſt prévenu par Toloſis. Robinoalde s'avance, avec gravité, vers le nouveau Souverain, qu'il ſalue d'un air panché; & Magnégide, incertaine du parti qu'elle doit prendre, dans la crainte de ſe compromettre, oſe à peine ſe préſenter.

Toloſis, après s'être modeſtement défendu pendant quelques inſtans, ſe rend enfin aux vœux empreſſés de l'aſſemblée, & prie les Vieillards, qu'il embraſſe, de l'aider de leurs conſeils.

Témoin de cette ſcène attendriſſante, j'en répands des larmes de joie; Toloſis, qui s'en apperçoit, ſe jette à mon col, me ſerre dans ſes bras, & m'appelle ſon pere, en me conjurant de ne le pas quitter.

Les jeunes Tectoſages qui l'ont accompagné à l'expédition de Delphes, prétendent que c'eſt à eux de compoſer la garde du Roi, ſe rangent autour de lui, ceignent ſon front d'une couronne de chêne, qu'il préfere aux colliers des Oréennes; un lys, ſimbole de l'innocence, remis en ſes mains par les Thémiſiens, lui ſert de ſceptre, & le reſte du jour ſe paſſe en fêtes, en ſacrifices offerts aux Dieux par les Druides.

On délibéra dès le jour ſuivant, ſur la néceſſité d'admettre, ou de rejetter l'uſage de l'or; à cette importante propoſition, ſuccéda un morne ſilence; les Vieillards ſurpris, ſe regarderent comme pour ſe conſulter l'un l'autre; Divor enfin, fier de l'appui de Toloſis, oſa parler le premier, & dans un diſcours adreſſé aux femmes Tectoſages déjà ſéduites, il acheva de leur perſuader, qu'il y avoit pour elles dans ce métal des reſſources infinies;

qu'en le filant ainsi que le lin & la soye, on parviendroit à leur en faire des parures, d'un éclat capable de le disputer à celui des Déesses de l'Égypte & de la Grèce, & que les robes d'Oréa & de Tolosine, n'en étoient que de foibles essais; il fit même entendre avec art, que la crainte qu'on avoit eû de voir augmenter l'empire des belles avec leurs graces, étoit sans doute le motif sécret qui avoit fait proscrire ce précieux métal dans ces contrées.

Il n'en falloit pas davantage pour achever d'améner toutes les femmes à l'avis de cet Oréen.

Ce fut envain que vraiment choqué du discours de Divor, je tentai de prouver quels étoient les dangers que couvroient ces faux biens : les Thémisiens même, se déclarerent en leur faveur, & promirent de faire des loix si sages contre le luxe, que je fus réduit au silence. Quelques sages Vieillards s'étoient d'abord rangés du parti de Leitour; ils avoient même eû la force de mêler leurs voix à la mienne; mais la multitude l'emporta. O sage Galatès, tu n'étois plus! ta présence seule, eût fait rentrer dans le néant ces audacieux étrangers, dont les cris séditieux étoufferent ma foible voix.

Un événement extraordinaire qui venoit d'arriver, servit encore les Oréens : la foudre tombée

sur

ſur les Pirennées, en avoit embrâſé les vaſtes forêts, & la flâme dévorante, pénétrant ces immenſes rochers, avoit fondu les mines d'or & d'argent, que la nature y tenoit renfermées depuis l'origine du monde : ces métaux, devenus fluides, s'étoient précipités des montagnes, & jamais le Pactole n'avoit roulé tant de richeſſes dans ſes eaux. Les Oréens attentifs à tout, avoient regardé cet événement, comme un prodige & une marque viſible de la protection du Ciel en leur faveur : c'étoient, oſa dire Divor, c'étoient les Dieux eux-mémes, qui deſcendoient dans ces contrées au milieu de ces flots précieux, pour y ramener le ſiécle d'or. Le peuple, toûjours avide de nouveauté, écouta ce diſcours, le crut, & s'écria avec tranſport : *que l'or, que ce divin métal ſoit mis au nombre de nos Dieux !*

Etonné de l'avidité des Tectoſages pour des biens qu'ils connoiſſoient ſi peu, & encouragé par Leitour, j'oſai leur repréſenter de nouveau, les maux auxquels ils alloient s'expoſer.

« Ces cris d'allégreſſe, pourſuivis-je, ſe chan-
» geroient bientôt en larmes de ſang, ſi vous pou-
» viez prévoir tous les malheurs que produiront
» ces fatales dépouilles des Oréens ; j'ai vû ce
» peuple au milieu de ſa gloire, & vous avez vû

» ſa ruine; l'or a produit chez lui le luxe, la molleſſe & tous les crimes; c'eſt l'or enfin, qui les a fait vos eſclaves; & ils le ſeroient encore, ſans la liberté que vous avez daigné leur rendre: poſſeſſeurs de ces mêmes biens, vous leur reſſemblerez bientôt.

J'ajoutai que j'avois parcouru l'univers, que j'avois vû les Égyptiens dont on vantoit la ſageſſe, devenir eux-mêmes les eſclaves de l'or; qu'ils en avoient fait leurs Dieux à Dioſpole & à Memphis, & que ce vil métal, après avoir été leur Divinité, étoit devenu leur fléau le plus terrible; je leur prédis qu'ils verroient un jour leurs campagnes ravagées par leurs propres habitans, avides de ce bien imaginaire; que la guerre les armeroit les uns contre les autres, que des tas de cadavres ſanglans ſuccéderoient à leurs riches moiſſons; que le fer, qui n'avoit encore ſervi dans ces contrées qu'à des ſocs de charue, ſerviroit d'inſtrumens propres à leur arracher la vie.

De-là m'adreſſant aux femmes, que mon diſcours commençoit d'émouvoir; » vous payerez un jour bien cher, leur dis-je, ces colliers, ces anneaux, ces riches braſſelets, qui n'ont ſervi qu'à vous ſéduire, lorſque vos filles pâles & tremblantes, arrachées de vos bras par des ſol-

» dats féroces, en deviendront la proie; lorſque
» vous-mêmes enlevées de force à vos époux, vos
» fils maſſacrés à leurs yeux, vos villes renver-
« ſées, & vos temples réduits en cendres, vous
» feront amérement regretter la première ſimpli-
» cité de vos mœurs.

Pendant que je parlois, les Tectoſages me ſembloient inquiets, embarraſſés, tandis que leurs Compagnes les yeux baiſſés, fixés ſur les colliers & ſur les braſſelets qu'on leur avoit adroitement diſtribués, en contemploient l'éclat dangereux : incertaines du parti qu'elles devoient prendre, elles ſe ſéparerent en différens cercles, comme pour ſe conſulter entr'elles; & je m'applaudiſſois déjà de mon triomphe, lorſque Divor voyant qu'il alloit perdre en un moment le fruit de tous ſes artifices, s'avança pour parler.

Il ſoutint aux femmes, que l'or n'étoit à craindre que par le criminel uſage que quelques ambitieux en faiſoient; que le déſir d'en avoir avoit produit tous les arts; qu'il étoit la ſource des agrémens & des commodités de la vie; qu'il embelliſſoit, qu'il animoit tout; que cette heureuſe contrée, féconde en richeſſes, deviendroit un jour par les deux mers qui l'embraſſent, le rendez-vous de tous les peuples de la terre; que le commerce y porteroit tout ce que la nature produit de plus précieux aux extrémités de l'univers, les perles & les diamans, & que les Néreides parées de ces dépouilles de l'Orient, le difputeroient au foleil même par leur éclat; il ajouta que fi l'or avoit eû des temples & des autels chez des peuples policés; ce culte prouvoit encore toute l'excellence de ce divin métal; que s'il arrivoit enfin que l'on adorât un jour ceux qui en feroient poffeffeurs, les femmes règneroient fur ces heureux mortels, & feroient elles-mêmes adorées par ces Dieux de la terre.

Raffurées par ce difcours du Chef des Orëens, les femmes revinrent bientôt à leur premier fentiment; leurs voix couvrirent celles des Vieillards, & l'ufage de l'or ayant été accordé aux vœux de la multitude, le refte de ce jour fut confacré à en rendre graces aux Dieux.

Tolofis occupé du bonheur de fes nouveaux fujets, fe compofa un confeil des plus fages Vieillards; ma longue expérience, mes malheurs mêmes m'avoient affez inftruit, & ce peuple naiffant, m'intéreffoit déjà trop, pour ne pas l'aider à fortir de ce que nous nommons la barbarie, puifqu'il ne pouvoit plus fubfifter dans fon premier état.

Le nouveau Monarque, religieux envers les

Dieux, déclara qu'il laiſſoit aux Druides le ſoin des autels, & de régler la pompe & la majeſté des ſacrifices; & ceux-ci promirent de vivre dans la chaſteté, de fouler l'or aux pieds, & d'être toûjours humbles : mais les rayons de la Divinité, dont ils étoient les miniſtres, par dégrés réfléchis ſur eux, les éblouirent, & ils ne tarderent pas à s'attribuer une partie de l'encens, que les profanes prodiguoient aux Immortels.

Le ſoin de faire exécuter les loix émanées du trône, de retenir le peuple dans ſon devoir, & de juger les différens, qui ne manqueroient pas de naître de l'uſage des richeſſes & du partage des terres, fut remis aux ſévères Thémiſiens, qui promirent d'être ſourds à la voix de la brigue, inſenſibles à l'éclat de l'or, & aux graces des aimables ſolliciteuſes; Robinoalde, leur chef, en poſant gravement une de ſes mains ſur l'autel du grand Teutates, en fit le ſerment au nom de tous les Thémiſiens, & Magnégide en ſourit; quant à moi, frappé de la ſainteté de ces promeſſes, j'en rendis graces aux Dieux; mais ſans en être le garant.

Toloſis, après avoir rendu la liberté aux étrangers, deſtina au métier des armes les braves Tectoſages, & leur donna pour compagnons les Magnates, accoutumés à ce genre d'exercice; ſous condition cependant, que renonçant à leurs folles chimères, & qu'oubliant l'orgueil, & les vains titres de leurs ancêtres, ils s'attacheroient à en mériter personnellement de nouveaux.

Tous ces différens peuples à partir de ce moment, n'en firent qu'un, soumis au même maître; mais pour entretenir l'émulation parmi eux, & rendre au mérite éminent ce qui lui étoit dû, il fut convenu, que celui-là seroit noble, qui par quelque action grande & utile à sa patrie, auroit mérité ce titre distingué.

Les Magnates, peu contens de se voir ainsi réduits à leur propre mérite, & confondus dans la foule, au mépris de leurs anciens titres, crioient déjà à l'injustice, lorsqu'un événement imprévû, fit naître l'occasion d'apprécier chacun des nouveaux sujets de Tolosis à sa juste valeur.

Une troupe de monstres, chassés des Pirennées par l'incendie, ravageoit depuis quelque tems les campagnes; les troupeaux étoient égorgés jusques dans leurs enceintes; les cabanes les mieux gardées, n'étoient pas à l'abri de leur fureur; la frayeur & la mort suivoient par-tout leurs traces.

Tolosis proposa aux Magnates, d'aller combattre ces redoutables ennemis, & par-là de mériter les distinctions qu'ils réclamoient; il offroit même de marcher à leur tête, mais tandis qu'il parloit encore, on apprend tout-à-coup, que les monstres sont prêts d'entrer dans la forêt sacrée.

» Amis! s'écrie en courant à ses armes, l'intré-
» pide Tolosis, voici le moment de justifier votre
» choix; que ceux dont le cœur se sent fait pour la
» gloire, me suivent; c'est à la valeur seule à déci-
» der des rangs, puisqu'il en faut pour le maintien
» de la société & pour mettre chacun à sa place.

Cent Tectosages, armés de leurs longs javelots & de haches tranchantes, se rangent à l'instant autour du nouveau Monarque, avec ce fier & froid maintien qui caractérise les héros, & partent avec lui comme l'éclair, que doit bientôt suivre la foudre.

Cependant le bruit redouble, & toute la forêt retentit des cris lamentables d'un peuple timide, à qui la frayeur prête des aîles.

Le péril devenant très-grand, je forme à la hâte une seconde troupe d'un essain de jeunesse Tectosage, qui se range autour de moi; quelques Magnates, encouragés par leur exemple, nous suivent, & je joins Tolosis, au moment que d'un coup de hache, il coupoit en deux un horrible serpent, prêt à l'environner de ses plis tortueux: non, l'invinble Achille & le brave Hector, ne montrerent jamais tant de valeur ſur les rives ſanglantes du Simoïs ; je vis en ce moment, vingt héros le diſputer à tous ceux que la Grèce conduiſit devant Troye : des lames de fer ne couvroient point les redoutables Tectoſages ; leur tête étoit nue, leur cœur à découvert ; un bras fort & nerveux, armé d'un javelot, faiſoit leur unique défenſe.

C'étoit un ſpectacle effrayant & attendriſſant tout enſemble ; ici, un fils couvert de ſang, arrachoit ſon pere expirant, de la dent d'un loup monſtrueux ; là, un pere affrontant mille dangers, voloit au-devant de la mort, prête à moiſſonner un fils, ſon unique eſpérance : j'apperçus une tendre mere échévélée, diſputer à un ours, des lambeaux de ſa fille infortunée, & d'une main hardie, oſer en arracher la tête de la gueule de ce monſtre écumant ; je vole à elle, & j'euſſe péri moi-même en cette occaſion, ſans les ſecours d'un jeune Tectoſage, qui d'un coup de hache, abbatit la tête de ce furieux animal, qui déjà me tenoit ſous ſes pieds.

A peine dégagé de ce péril, je reconnus à vingt pas l'aimable Toloſine, expoſée aux plus grands dangers ; elle étoit accourue malgré Divor, pour modérer la valeur de ſon frere ; un dragon monſtrueux la tenoit renversée dans ses serres ; je frémis à cette vue ; un sang vermeil couloit le long de ses beaux bras ; sa foible main étendue sur la poussière, tenoit encore à peine un javelot brisé, & ses yeux tournés sur son redoutable ennemi, sembloient n'attendre que le coup de la mort.

A quelques pas de-là, l'intrépide Tolosis, après des prodiges de valeur, & après avoir terrassé plusieurs de ces féroces animaux, maintenant occupé de sa propre défense, se débattoit sous un tigre en fureur, & joignoit à son propre supplice, celui de voir une sœur expirante sans pouvoir la sécourir.

Témoins de cette affreuse scène, & dans la crainte de percer le Roi, nous n'osons user de nos traits ; incertains, consternés, & les bras levés vers le Ciel, nous demandons aux Dieux la vie de Tolosis : les deux monstres, les yeux étincelans de rage & fixés sur nous, s'approchent comme de concert, d'un chêne énorme, pour s'en faire un rempart, & y trainent leurs proyes.

Tolosis en voyant sa sœur prête à périr, jette un cri effroyable, qui passe jusqu'au fond de nos cœurs, & ce cri est le signal affreux qui nous précipite sur ces monstres, que nous perçons tout à la fois de tant de coups, que chacun eut part à la gloire de les avoir abbatus.

Le fils de Galatès, que j'aborde le premier, me tend la main, ſerre la mienne, reprend ſes armes, ſe relève, & court à ſa ſœur, qu'il arrache à la mort,

Tous les monſtres détruits ou mis en fuite, on ſe raſſemble autour des bleſſés; Hyppoménis leur prodigue ſes ſecours, & déploye tous les ſécrets de ſon art; on enterre les morts, & la nuit vient couvrir de ſes voiles ce jour malheureux.

Le nouveau Monarque reparut dans l'aſſemblée au lever de l'aurore, aux acclamations de tout ſon peuple; les Druides offrirent un ſacrifice ſolemnel aux Dieux, en reconnoiſſance de cette victoire ſignalée; les Vieillards & les Néreïdes, diſtribuerent des couronnes de chênes, à ceux dont l'intrépide valeur avoit triomphé de ces redoutables ennemis; tous ces héros furent déclarés nobles; chacun d'eux porta depuis ſur une eſpèce de bouclier, la reſſemblance du monſtre qu'il avoit vaincu (1), & acquit le droit de laiſſer à ſes enfans, celui d'arborer ces mêmes trophées; les Bardes enfin, chanterent la valeur de ces héros, & conſacrerent leur mémoire dans les faſtes de la Nation.

---

(1) Ce pourroit bien avoir été là l'origine de nos armoiries & des différens animaux qui y ſont peints.

Les Magnates, en combattant pour leur propre vie, s'étoient aſſez bien montrés dans cette journée périlleuſe, ils avoient ſuivi par-tout l'exemple des Tectoſages, mais ſans avoir fait un pas de plus ; ils oſerent cependant depuis, traiter de nouveaux nobles, ceux à la valeur deſquels ils dûrent alors leur ſalut & celui de leurs familles.

Les Druides, de leur côté, qui prétendoient que leurs prières ſeules, avoient attiré les ſecours des Immortels contre tant de monſtres, réclamerent les privilèges dûs aux libérateurs du peuple, & promirent ſi ſolemnellement d'intéreſſer toujours les Dieux au bonheur de l'État, que le religieux Toloſis, non-ſeulement acquieſça à leur demande, mais même les admit dans la claſſe des nobles. Ces différens points arrétés, on revint au principal objet de cette aſſemblée ſolemnelle.

L'introduction & l'uſage de l'or alloient entraîner néceſſairement un ſi grand changement dans les mœurs, qu'il étoit indiſpenſable de faire de nouveaux réglemens ſur ce ſujet.

Depuis le retour des Tectoſages de l'expédition de Delphes, l'amour & l'amitié, auparavant les ſeuls liens de ces heureux mortels, n'étoient plus aſſez forts pour être durables. Il fallut donc en imaginer de plus ſacrés, qui formés ſous les auſpices des Dieux, & sous la protection des loix, fussent désormais la bâse du plus saint & du plus doux des engagemens humains.

Cette importante affaire mise en délibération, les Druides proposerent, à l'exemple des Grecs & des Égyptiens, d'élever un autel à l'Hymen, dont la divinité garantiroit les promesses des Époux; & les Thémisiens de leur côté, s'offrirent à les fortifier encore par le lien sacré des loix.

Les femmes n'applaudirent pas toutes également à ces alliances politiques, elles trouverent aussi injuste que tyranique, qu'on ne les laissât pas disposer à leur gré de leur cœur. Plusieurs d'entre elles, refuserent de s'immoler à l'Hymen, & jurerent de demeurer constamment attachées au culte de l'Amour, de ce Dieu de leur pere, dont l'empire leur paroissoit plus commode & plus doux.

D'autres, conseillées par Frivolidès & par les étrangers, prirent un parti mitoyen, qui fut celui de souscrire à tout, sauf à régler après leur conduite, selon les tems & les circonstances.

Mais, pour retenir les Néreïdes dans les nouvelles bornes qu'on opposoit à leurs désirs, il fallut y intéresser leur vanité; on imagina donc pour elles, une sorte de gloire, que l'on fit consister à se défendre des pièges de l'amour, & cela s'appella l'honneur du ſexe ; on fit plus, on voulut même, contre toute juſtice, que celui de leurs maris fut également attaché à cette chimère, qui ne pouvoit dépendre d'eux ; de ſorte que cet honneur prétendu, ſans ceſſe en bute à la témérité des jeunes audacieux, ſe trouva repoſer dans des vaſes d'argiles, au milieu des tempêtes conjurées contre lui.

Cependant Hérotas, qui préſidoit au temple de l'Amour, s'étoit rendu à l'aſſemblée générale, pour ſolliciter le rétabliſſement des autels de ce Dieu : mais allarmé du nouveau temple accordé à l'Hymen, il en verſa des larmes, & jura hautement que le fils de Vénus, le véritable Dieu de ces climats, ennemi né de toute contrainte, ne ſouſcriroit jamais à cette nouveauté, & ſauroit bientôt s'en venger.

Tout ce que Toloſis, de l'avis des Vieillards, put obtenir pour le bien de la paix, fut de permettre qu'on réuniroit, dans un même temple ſur un même autel, & l'Hymen & l'Amour ; mais ce qui n'avoit pû ſubſiſter dans le Ciel, devoit-on ſe flatter de le voir exécuté ſur la terre ?

Pour moi, continua Pâris, en pouſſant un profond ſoupir, & regardant Francus, je ne pris point la défenſe de cet enfant impérieux, qui maîtriſa ma jeuneſſe avec tant d'empire, & dont je vous ai tous rendus les malheureuſes victimes; l'âge & l'expérience m'ont enfin appris, que l Hymen & la Vertu, peuvent ſeuls être la bâſe d'une ſociété auſſi douce que ſolide; mais Frivolidès convainquit ſi bien Hérotas, que le fils de Vénus n'y perdroit rien, & les femmes lui en donnerent en ſécret tant d'aſſurances, que le projet d'unir l'Hymen & l'Amour, fut enfin adopté à la pluralité des voix.

Les Oréens demanderent enſuite, qu'il leur fût permis d'élever un temple à Jupiter Oréen, en reconnoiſſance des biens dont il les alloit combler; ce qui leur fut accordé, & Divor en obtint la place de grand Prêtre.

Le fier Magnès, par une baſſe jalouſie, & dans la crainte que cette nouvelle dignité, jointe à l'amitié de Toloſis, n'élevât trop le chef des Oréens, le regardant avec mépris, lui dit : » tu te rends » juſtice, Divor, un javelot ſiéroit mal à ta main « mercénaire, la ſerpe d'or te conviendra mieux; » ſois Prêtre, ſi tant eſt qu'il te reſte aſſez de cou» rage, pour voir couler ſous tes coups le ſang » des victimes.

L'Oréen ſenſible à cette inſulte, en demande raiſon; alors l'impérieux Magnès, en portant la main à ſes armes, & méſurant ſon ennemi des yeux, le défie au combat; mais Divor plus modéré que lui, & ſous prétexte de ſon reſpect pour les loix du nouvel empire, adreſſant la parole à l'aſſemblée, demande s'il eſt permis de verſer le ſang de ſon ſemblable, pour une offenſe perſonnelle?

Cette querelle particulière, devint pour lors une affaire d'État. Les Magnates, attachés aux ſévères loix de l'honneur, s'écrièrent que c'étoit le cas de remettre au ſort des armes, la punition du coupable; que la liberté qu'on venoit de leur rendre, les autoriſoit à réclamer les uſages de leur pays.

Les Druides ſoutinrent, que notre vie étant un préſent des Dieux, il ne nous étoit pas permis d'en diſpoſer. Magnès leur répliqua avec vivacité, que la mort étoit préférabbe à une vie deshonorée, & que ces mêmes Dieux s'étant réſervés les douceurs de la vengeance, il devoit être permis de les imiter. Les Prêtres crièrent au blaſphême; ſoutinrent que les Immortels, ſouverains maîtres de leurs volontés, n'avoient point de compte à nous rendre, & perſiſtèrent à rejetter l'uſage des combats ſinguliers.

Les pacifiques Thémiſiens conſultés, ſecondèrent les Druides, & propoſerent des loix ſévères contre ceux qui ſe livreroient à la vengeance perſonnelle. Mais les Magnates ſoutinrent leur prétention avec tant de fermeté, que l'aſſemblée ſe ſépara, ſans rien décider ſur ce point.

Magnès oſa pourſuivre ſa vengeance & attaquer ſon ennemi; ſon courage égala ſon orgueil, & les Oréens trembloient pour leur Chef, qui prenant les Dieux à témoin de ſon innocence, attendit ſon ennemi, ſe laiſſa attaquer, & bientôt ſoit par un effet de ſon adreſſe ou par un heureux haſard, ſon javelot ſe trouva tourné de façon, que ſon adverſaire ne ſuivant que ſon aveugle fureur pour guide, ſe perça lui même du fer de ſon ennemi, & tomba baigné dans ſon propre ſang.

Magnès étoit l'agreſſeur; le triomphe de Divor fut regardé comme une prompte juſtice des Dieux; ce qui conſacra cette coutume barbare parmi les Tectoſages, naturellement braves, & ce genre de combat, devint bientôt pour eux, un ſpectacle de ſang, que les femmes mêmes ne rougirent pas d'honorer de leur préſence (1).

Cette aſſemblée générale du peuple Tectoſage qui peut être regardée comme la première & la plus ſolemnelle de cette Nation, avoit eû des

(1) Ce fut là ſans doute, la première origine dans les Gaules du combat en champ clos.

objets

objets si importans à traiter, que le printems y avoit été presque entièrement employé; les étrangers qui savoient que les grandes révolutions sont souvent l'ouvrage d'un moment, dont il faut savoir profiter, & qui craignoient quelque nouvel obstacle de la part des Vieillards Tectosages, proposerent encore, avant que de se séparer, de procéder dans ce lieu même, à la répartition de l'or. Dès que cet article intéressant eut passé au Conseil, Divot, qui ne perdoit point son objet de vue, avoit, du consentement de Tolosis, envoyé secrettement des ouvriers Oréens, pour ramasser les métaux précieux, que les Pyrennées embrâsées avoient fondus, & retirer des marais, les richesses de Delphes. On en avoit fabriqué des pièces de différentes grandeurs, sur lesquelles on avoit gravé d'un côté l'image des Dieux, & de l'autre celle de Tolosis; ce travail avoit été suivi avec tant de zèle & d'activité, que le peuple informé que la répartition étoit en état d'être faite, exigea que le Chef des Oréens, fût chargé du soin de l'exécuter.

La forêt, par le tems qu'on y avoit séjourné pour cette importante assemblée, & par le nombre des cabanes qu'on y avoit construites, étoit devenue elle-même une habitation considérable, & plus propre qu'aucune autre à cette distribution.

Pendant que ces richeſſes arrivoient ſucceſſivement dans la vaſte enceinte préparée à cet effet, on délibéra ſur la manière dont la répartition en ſeroit faite. C'étoit le point le plus intéreſſant & le plus eſſentiel, puiſqu'il alloit décider du ſort de la Nation, & de celui de chaque particulier.

Le premier avis ouvert par Toloſis, & qui parut d'abord fondé ſur l'équité, fut que ces tréſors ſeroient partagés entre tous ſes ſujets, par portions égales. Mais ſur ce que Divor repréſenta, que ſi chacun ſe trouvoit dans un même état d'abondance, perſonne ne voudroit travailler, qu'on manqueroit de tout, & qu'inſenſiblement les terres négligées, deviendroient des déſerts incultes; il fut réſolu que ces dons précieux, ſeroient diſtribués inégalement; ce qui produiſit un nouvel embarras. Chez un peuple où tous les hommes ſe croyoient encore égaux; où chacun étoit libre, & ſembloit mériter également; où l'âge ſeul avoit juſques-là décidé des rangs; comment ſans injuſtice, donner aux uns plus qu'aux autres; & condamner la plus grande partie de la Nation, à dépendre néceſſairement de la plus petite? Les Magnates & les Thémiſiens conſultés ſur ce point important, firent les plus beaux diſcours du monde, mais ſans perſuader perſonne; Toloſis & les Tectoſages propoſerent enfin, de laiſſer le haſard ſeul arbitre de la fortune des particuliers; & cet avis fut adopté comme le moins injuſte.

Il fallut auſſi établir des principes généraux, pour ſervir de bâſe aux loix fondamentales du nouveau gouvernement.

Il fut donc ordonné qu'à l'avenir, tout ſe donneroit au poids de l'or; que ce métal deviendroit la méſure commune de toute choſe, c'eſt-à-dire, que les terres, leurs récoltes, les troupeaux, les honneurs, les emplois, & les alimens mêmes les plus néceſſaires à la vie, ſeroient vendus au plus offrant.

Le jour pris pour la répartition des richeſſes, le peuple impatient s'aſſembla devant l'enceinte qui les renfermoit : Divor rempli de joie & fier de ſon triomphe, en ouvrit les portes avec complaiſance; chacun vit avec admiration, ces tas prodigieux de pièces éclatantes, ſur leſquelles le ſoleil répandoit un éclat éblouiſſant; tout le peuple enchanté, s'écria à différentes repriſes, qu'il n'avoit jamais rien vû de ſi digne de ſon hommage, & qu'il y auroit eû de l'injuſtice, à laiſſer plus long-tems ces richeſſes enſevelies dans les cavités des montagnes, ou ſous la cendre des forêts qui venoient d'être conſumées.

Pour prévenir le désordre & la confusion, la jeune Fortunie, la sœur d'Oréa, fut choisie pour distribuer les richesses; Divor la revêtit d'une étoffe éclatante d'or, lui couvrit les yeux d'un bandeau, pour écarter l'injuste préférence, & la portant sur un espèce d'autel qu'il avoit élevé, lui ordonna de jetter au hasard, au milieu du peuple assemblé autour d'elle, les bourses qu'il lui présentoit dans des corbeilles. Mais cette précaution fut un foible frein contre l'avidité des étrangers, ils franchirent toutes les barrières, & rien ne fut sacré pour eux; je remarquai même, que ceux qui avoient le plus d'or, n'en étoient que plus ardens à l'arracher des mains de Fortunie. Le tumulte & le désordre devinrent enfin si grands, que ses vêtemens furent mis en pièces, & qu'accablée elle-même par la foule avide des mécontents, elle devint la première victime des biens frivoles que sa main s'efforçoit de répandre, sans que son amant, trop occupé sans doute à ramasser ce métal dangereux, pût mettre obstacle à leur emportement; on se précipita avec tant de fureur sur les tasd'or qui restoient à distribuer, que plusieurs y perdirent la vie.

Tandis que cette étrange scène se passoit, retiré à l'écart avec Leitour & quelques Vieillards, nous admirions de ſang froid la folie des hommes, & ne pouvions nous empêcher d'en gémir: on diſtinguoit ſur-tout les Oréens, qui connoiſſant mieux que d'autres le prix des richeſſes, & les avantages qu'elles alloient procurer, ſe les arrachoient avec tant de fureur, que les Tectoſages, ſurpris de tant d'acharnement, leur livroient paſſage.

L'inſatiable Divor, ſecondé de ſa famille, s'en pourvut ſi abondamment, qu'il ſe trouva l'un des mieux partagés; auſſi fut-ce en reconnoiſſance des faveurs de Fortunie, & pour ſe conſoler de ſa perte, qu'il lui fit élever par la ſuite dans le temple de Jupiter Oréen, une ſtatue d'or, ayant un bandeau ſur les yeux, & qui fut placée ſur le même autel, d'où elle avoit comblé ces peuples de ſes dons. (1)

Frivolidès, expert dans l'art de prodiguer les richeſſes, ſaiſit avec ardeur l'occaſion ſi favorable d'en amaſſer; je l'apperçus excédé de fatigues, couché ſur un tas d'or qu'il contemploit avec complaiſance; Lavaur, aſſiſe près de lui, ſembloit partager ſa joie, après avoir partagé ſa

(1) Ce pourroit bien avoir été là l'origine de cette Fortune, qu'on nous peint nue, avec un bandeau ſur les yeux.

peine, & tous deux ſe promettoient l'avenir le plus fortuné.

Les fiers Magnates ne dédaignerent pas les faveurs de Fortunie; leur orgueil ſe plia juſqu'à ſe mêler dans la foule, & a rechercher depuis l'alliance des Oréennes: l'expérience leur avoit appris qu'une nobleſſe portée ſur des colonnes d'or, n'en étoit que plus impoſante, tandis qu'elle s'éteignoit inſenſiblement ſous les livrées de la pauvreté; de même que ces fleuves majeſtueux, qui finiſſent par perdre juſqu'à leur nom dans les ſables, où ils ſe répandent, après avoir vû leur eaux réunies, arroſer d'immenſes contrées, qui les regardoient comme leur Dieux tutélaires.

Nobilie, qui connoiſſoit le prix de l'or, voulut envain engager Magnégide & Robinoalde ſon gendre, à ſuivre le torrent; tandis qu'ils réfléchiſſoient ſur cette ſingulière révolution, & qu'ils examinoient ſi ce ne ſeroit point trop déroger que de ſe compromettre dans la foule, l'Oréen moins délicat & plus prévoyant ne ſe laſſoit point de prendre à toutes mains; tout étoit preſque enlevé, quand ces graves époux convinrent enfin, qu'on pouvoit abſolument riſquer de prendre ſa part; mais Robinoalde, dont la récolte avoit été très-mince, ſe hâtant de renfermer dans les plis de ſa longue robe le peu qu'il avoit recueilli, ſe promit bien de s'en dédommager avec uſure, lorſque les différens, qui ne manqueroient pas de s'élever entre les favoris de Fortunie, lui en procureroient l'occaſion ; tous les Thémiſiens lui applaudirent, & jurerent ſolemnellement de ſuivre ſon exemple.

Fin de la première Partie.

FAUTES A CORRIGER.

Pag.	Lig.	
24.	22.	Vent Circins, *liſez*, Vent Circius.
28.	4.	du luxe, *liſ*. de luxe
31.	25.	plaine de la Croen, *liſ*. plaine de la Crau.
34.	19.	les vrais, *liſ*. leurs vrais.
35.	2.	des les, *ſupprimez* les.
37.	3.	à Marſillis, *liſ*. chez les Marſilliens.
48.	2.	ſurtout, *liſ*. comme.
63.	25.	Pâris, *liſ*. Pariſis.
64.	9.	Mérie, *liſ*. Méris.
73.	25.	des Chefs, *ſupprimez* des.
76.	11.	en parlant, *liſ*. en partant.
89.	22.	Rhodanium, *liſ*. Rhodanim.
108.	12.	s'empreſſerent, *liſ*. s'empreſſent.
129.	24.	Plaucée, *liſ*. Plancée.
133.	12.	Rhodanium, *liſ*. Rhodanim.
134.	8.	Rhodanium *liſ*. Rhodanim.
144.	19.	deſſeché, *liſ*. deſſechée.
147.	17.	frappa, *liſ*. frappe.
191.	22.	rapellai, *liſ*. rapelle.
Idem.	23.	autrefois, *ſupprimez* ce mot.
192.	13.	un jeune, *liſ*. une jeune.

APPROBATION.

J'AI lû, par ordre de Monseigneur le Chancelier, un Manuscrit ayant pour titre, *La Pariseïde, ou Pâris dans les Gaules.* Je n'y ai rien trouvé qui puisse en empêcher l'impression. A Paris, le 2 Septembre 1771.

Signé, AMEILHON.

PRIVILEGE DU ROY.

LOUIS, par la grace de Dieu, Roi de France & de Navarre: A nos amés & féaux Conseillers, les Gens tenans nos Cours de Parlement, Maîtres des Requêtes ordinaires de notre Hôtel, Grand Conseil, Prévôt de Paris, Baillifs, Sénéchaux, leurs Lieutenans Civils, & autres nos Justiciers qu'il appartiendra, SALUT. Notre amé le sieur PISSOT, Libraire, Nous a fait exposer qu'il désireroit faire imprimer & donner au Public, *La Pariseïde, ou Pâris dans les Gaules*, s'il Nous plaisoit lui accorder nos Lettres de Privilége pour ce nécessaires: A CES CAUSES, voulant favorablement traiter l'Exposant, Nous lui avons permis & permettons par ces Présentes, de faire imprimer ledit Ouvrage autant de fois que bon lui semblera, & de le vendre, faire vendre &

débiter par tout notre Royaume, pendant le tems de *six* années consécutives, à compter du jour de la date des Présentes. Faisons deffenses à tous Imprimeurs, Libraires, & autres personnes, de quelque qualité & condition qu'elles soient, d'en introduire d'impression étrangere dans aucun lieu de notre obéissance : comme aussi d'imprimer, faire imprimer, vendre, faire vendre, débiter ni contrefaire ledit Ouvrage, ni d'en faire aucuns extraits, sous quelque prétexte que ce puisse être, sans la permission expresse & par écrit dudit Exposant, ou de ceux qui auront droit de lui, à peine de confiscation des Exemplaires contrefaits, de trois mille livres d'amende contre chacun des contrevenans, dont un tiers à Nous, un tiers à l'Hôtel-Dieu de Paris, & l'autre tiers audit Exposant, ou à celui qui aura droit de lui, & de tous dépens, dommages & intérêts : à la charge que ces Présentes seront enregistrées tout au long sur le Registre de la Communauté des Imprimeurs & Libraires de Paris, dans trois mois de la datre d'icelles; que l'impression dudit Ouvrage sera faite dans notre Royaume & non ailleurs, en beau papier & beaux caracteres, conformément aux Réglemens de la Librairie, & notamment à celui du 10 Avril 1725; à peine de déchéance du présent Privilège ; qu'avant de l'exposer en vente, le Manuscrit qui aura servi de Copie à l'impression dudit Ouvrage, sera remis dans le même état où l'Approbation y aura été donnée, ès mains de notre très-cher & féal

Chevalier, Chancelier Garde des Sceaux de France, le ſieur de Maupeou ; qu'il en ſera enſuite remis deux Exemplaires dans notre Bibliotheque publique, un dans celle de notre Château du Louvre & un dans celle dudit ſieur de Maupeou, le tout à peine de nullité des Préſentes : Du contenu deſquelles vous mandons & enjoignons de faire jouir ledit Expoſant & ſes ayant cauſes, pleinement & paiſiblement, ſans ſouffrir qu'il leur ſoit fait aucun trouble ou empêchement. Voulons que la Copie deſdites Préſentes, qui ſera imprimée tout au long au commencement ou à la fin dudit Ouvrage, ſoit tenue pour duement ſignifiée, & qu'aux Copies collationnées par l'un de nos amés & féaux Conſeillers & Secretaires, foi ſoit ajoutée comme à l'original. Commandons au premier notre Huiſſier ou Sergent ſur ce requis, de faire pour l'exécution d'icelles tous Actes requis & néceſſaires, ſans demander autre permiſſion, & nonobſtant clameur de Haro, Charte Normande, & Lettres à ce contraires ; Car tel eſt notre plaiſir. Donné à Paris le trentiéme jour du mois de Septembre l'an de grace mil ſept cent ſoixante-douze, & de notre Régne le cinquante-huitième. Par le Roy en ſon Conſeil, *Signé* LE BEGUE.

Regiſtré ſur le Regiſtre XVIII. de la Chambre Royale & Syndicale des Libraires & Impr. de Paris, *N°*. 1700, *Fol.* 757, *conformément au Réglement de* 1723. *A Paris ce* 11 *Octobre* 1772.

C. A. JOMBERT pere, *Syndic.*